MamanCaféine

Guide de survie pour maman moderne

Marie-Ève Piché

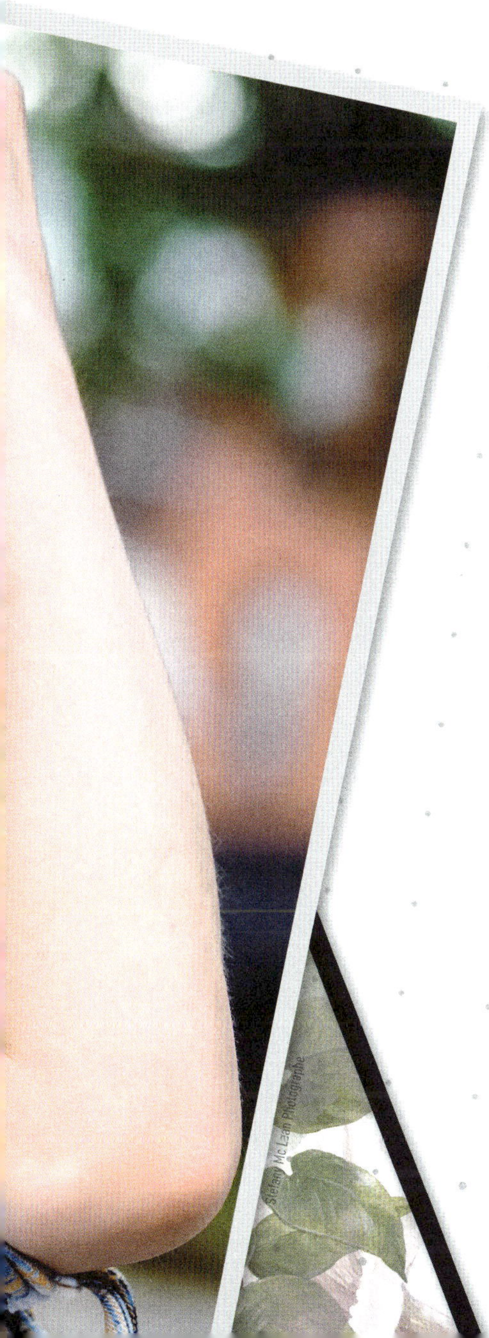

Broquet
97-B, Montée des Bouleaux,
Saint-Constant, Qc, Canada, J5A 1A9
Tél. : 450 638-3338 – Téléc. : 450 638-4338
info@broquet.qc.ca – www.broquet.qc.ca

Catalogage avant publication de Bibliothèque et Archives nationales du Québec et Bibliothèque et Archives Canada

Piché, Marie-Ève, 1988-
Maman caféine : guide de survie pour maman moderne

ISBN 978-2-89654-568-1

1. Maternité - Blogues. 2. Mère et enfant - Blogues. 3. Familles - Blogues. I. Titre. II. Titre : Guide de survie pour maman moderne.

HQ759.P52 2017 306.874'3 C2017-941679-0

Nous reconnaissons l'aide financière du gouvernement du Canada. We acknowledge the financial support of the Government of Canada. Nous remercions également livres Canada books™, ainsi que le gouvernement du Québec : Programme de crédit d'impôt pour l'édition de livres – la Société de développement des entreprises culturelles (SODEC).

Canada Québec

Dépôt légal – Bibliothèque et Archives nationales du Québec
4e trimestre 2017

Éditeur Antoine Broquet
Directrice de production Josée Fortin
Conception graphique Nancy Lépine
Correction d'épreuves Andrée Laprise et Diane Martin

ISBN : 978-2-89654-568-1

Imprimé au Canada

Maman Caféine

Stefany Mc Lean Photographie

Table des matières

THÈMES

Visitez-moi
www.mamancafeine.com
Facebook, YouTube et Instagram

Stéfany Mc Lean Photographe

AVANT-PROPOS

C'EST QUI ÇA, MAMAN CAFÉINE ?

Je pense que l'on rêve toutes, ou presque, un jour de devenir maman. Même chez les femmes les moins maternelles du monde, c'est une idée qui traverse l'esprit. De porter un mini-soi en nous pendant neuf (longs et pénibles, mais aussi tendres) mois. Je n'ai pas fait exception à la règle, jusque dans ma très jeune vingtaine. Après avoir été en couple avec la mauvaise personne pendant longtemps, j'ai décidé de littéralement me crisser de la gent masculine. Je m'imaginais vivre dans un énorme condo avec mon chat à 8000 $ et des voitures de luxe. Je voulais mon entreprise, Marie-Ève Piché, psychologue.

Dans cette vie, je ne portais que des tailleurs Chanel et j'avais des rendez-vous chez David D'Amour deux fois semaine. Je pourrais t'en beurrer épais comme ça pendant des heures, mais je pense que tu vois le genre. Une girlboss ambitieuse, accomplie et indépendante, mais aussi de qui personne ne dépend. Sur mon front il serait écrit : « Tasse-toi sinon je te pile dessus avec mes Louboutins. »

Je sais que tu me vois venir: mon histoire est loiiiiiin de finir de même. Mais à défaut de posséder un cabinet de psy dans une immense tour de 20 étages, je possède un blog qui dédramatise le quotidien de beaucoup de femmes et je n'ai jamais senti que je venais autant en aide à des mères que depuis l'apparition de Maman Caféine. Si on regarde ça, c'est encore mieux qu'une carrière en psychologie et en plus, c'est 2,0.

J'ai, quelque temps après, rencontré le chasseur de maisons. Jean-François était un vieil ami du secondaire. Nos retrouvailles se sont finalement soldées par un remake de notre amitié, mais en plus fort. Pour te faire une histoire courte: quatre mois après nos retrouvailles, nous achetions notre première maison à Saint-Luc sur la Rive-Sud de Montréal (endroit où je ne croyais jamais remettre les pieds un jour) et neuf mois plus tard, je tombais enceinte. À ce moment-là, PAF. Revirement de situation, je pars en échappée contre la vie: je ne veux plus être psy, je veux être maman. Comme si c'était devenu ma nouvelle passion. Dans mes rêves, j'ai donc remplacé ma Mercedes par un Dodge Caravan et mes sacs Louis Vuitton par des sacs à couches (en cuir tout de même, pour le style fashion).

Pour la première fois de ma vie, on aurait dit que j'avais fait le bon choix. Mais en même temps, j'étais terrorisée de l'assumer pleinement. JF m'a suivie dans ma folie. Parce que non madame, des enfants j'en voulais pas juste un, j'en voulais jusqu'à ce qu'il nous manque de place dans l'auto pour tous les amener, jusqu'à ce que je n'aie pu d'idée de nom, jusqu'à ce que chaque parcelle de mon cœur soit prise. Nous nous sommes arrêtés à quatre : Léo, Robinson, Balzac et Blanche. Quatre merveilleux enfants, en cinq ans. Salut la broue dans l'toupet. On m'a déjà dit : « T'es courageuse ! », « t'es folle », « t'es masochiste »... Moi je dirais plutôt, j'étais décidée, je les voulais ces petits êtres pour les aimer et leur apprendre la vie.

POURQUOI AU JUSTE, MAMAN CAFÉINE ?

Le Big Bang de l'univers de Maman Caféine est arrivé en 2015. Mon JF a écrit une série télé qui montre le quotidien *fucking* non traditionnel de notre famille : même pas 28 ans, quatre enfants, mon chum qui démolit des maisons habillé en chasseur, tandis que moi je travaillais en maison des jeunes. La même année, TVA achète la série pour la diffuser sur CASA, d'où la naissance de l'émission *Chasseur de maisons*. Même si j'étais un personnage secondaire de la série, plusieurs personnes m'ont écrit. Certains me trouvaient drôle, les autres se demandaient comment je faisais pour vivre ça, mais tous éprouvaient un élan de curiosité envers moi. J'ai donc décidé d'ouvrir le rideau sur la scène de ma vie de famille (de fous) à travers un blogue.

Celles qui ont déjà fait le pénible exercice me comprendront ; ça a pris un cristi de bout avant que je trouve un titre. Jusqu'à ce qu'un jour dans le char en revenant de Rimouski avec les trois enfants qui hurlent en arrière, je tape sur les nerfs de JF parce que je veux arrêter chercher mon 6e café de la journée.

JF : Sérieux t'es une toxicomane du café.

Moi : Hey, tu viens de me donner une idée, je vais appeler le blogue Caféinomom.

JF : Tu trouves pas ça un peu trash, bé ?

Moi : Pour que toi tu me dises ça ! Ouin t'as peut-être raison. Qu'est-ce que tu penses de Maman Caféine ?

Tout ça, c'était ben beau, mais j'avais toujours pas d'idée du contenu sur ma page. Je savais pertinemment que je n'avais pas la recette magique pour tout ce dont les mamans ont besoin, j'avais peur de me crisser un pied dans bouche, j'avais peur de m'exposer. Finalement, après avoir fait une petite vidéo assez simple mais cocasse qui

Stéfany Mc Lean Photographe

a bien fonctionné, j'ai compris. Les mamans veulent du vrai, du cru mais enrobé d'amour et d'humour. Je voulais me sentir proche d'elles, dédramatiser les catastrophes de leur journée, les faire rire, les sortir de leur corps pour qu'elles s'évadent, devenir leur amie avec qui elles peuvent partager leurs photos de bébés quand toutes leurs autres amies sont tannées. Je pense que c'est quelque chose que j'ai réussi à faire depuis la dernière année, jamais sans doutes ni embûches, mais toujours avec cœur et authenticité. Malgré la douche froide des Zinternets, si *Maman Caféine* a pu rassurer une maman ou lui étamper un sourire dans le visage le temps d'une vidéo, ma job en aura valu la peine. Inspirer les femmes, j'en demande pas tant, mais le quotidien est un ramassis de plein de belles petites affaires et je m'efforce de le rendre un peu plus coloré pour vous.

POURQUOI UN LIVRE, MAMAN CAFÉINE ?

Un peu plus d'un an après le début de *Maman Caféine* et plus de 115000 abonnés Facebook (MERCI JE VOUS LOVE), la fille d'un éditeur me demande si j'avais déjà pensé faire un livre. Bon, ça m'était déjà venu à l'idée oui, mais tsé monter l'Everest aussi, pis c'est pas arrivé. Tu comprendras que parmi toutes les idées folles qui me passent

P.S. Si t'as juste eu le temps de lire l'avant-propos parce que ton plus jeune braille déjà, pas grave ! T'es belle, t'es bonne, t'es capable, tu reviendras me lire plus tard.

par la tête, j'en prends et j'en laisse. Le message m'a tout de même fait réfléchir et j'ai décidé d'aller les rencontrer, elle et son père. Après une heure dans leur salle de conférences, on avait le GO : trois mois pour sortir un livre à mon image. Pas de flafla, avec ben des photos, des blagues, du doux, pis du cru. J'ai accepté le défi parce que je voulais que les mamans puissent me trimballer partout, du 5 minutes qu'elles ont pour aller aux toilettes (avec la porte barrée) jusqu'aux 12 heures où elles attendent à l'urgence avec leur petit qui a juste une roséole.

Je voulais les faire rire sur papier, je voulais rejoindre les mamans qui ne sont pas sur Facebook qui ont elles aussi besoin de s'évader (S/O à ma grand-mère). Je voulais accompagner leurs cafés froids, leurs moments de fierté, mais aussi les moments en petite boule dans la douche où la seule phrase qui sort de leur bouche c'est : «Je suis crissement à boute.» C'est pas tout le monde qui a la chance d'être entouré de gens compréhensifs et patients, encore moins d'être entouré de mamans qui vivent la même chose que soi.

Fack c'est ça, me voilà en chair et en os (ou plutôt en papier et en encre) pour vous accompagner encore et encore dans vos mille et une émotions découlant de vos hormones.

Bonne lecture mes belles ! xx
Marie-Ève AKA Maman Caféine

LÉO

LachancePhoto

Stéfany Mc Lean Photographe

Prénom et nom : Léo Tremblay

Surnom : Ptit dramaturge

Âge : 5 ans et demi

Couleur préférée : Orange fluo

Phrase fétiche : Maman, je veux dire que (et s'ensuit une phrase).

Repas favori : Des sandwichs. À toutes les saveurs. Toujours.

Sport préféré : Le soccer, pour cueillir des fleurs :)

Arme secrète : Sa petite moue quand quelque chose ne fait pas son affaire.

Super pouvoir : Faire croire ce qu'il veut à son frère, avec des arguments bidons.

Prénom et nom : Robinson Tremblay

Surnom : Binou, Bine, Binestrone

Âge : 4 ans

Couleur préférée : Orange fluo, pour copier Léo

Phrase fétiche : GRRRRR je suis un PIRATE-SORCIIIERR.

Repas favori : Si maman dit que Hulk en mange, c'est bon !

Sport préféré : Imiter son frère Léo.

Arme secrète : Ses longs cils et ses grands yeux de Gremlins.

Super pouvoir : Convaincre sa maman des pires idées juste en lui disant : « Maman tu es ma princesse. »

ROBINSON
Stefany Mc Lean Photographe

LachancePhoto

BALZAC

Prénom et nom : Balzac Tremblay

Surnom : Blondy, Petit personnage

Âge : 2 ans

Couleur préférée : Selon lui, tout est bleu. Alors, le bleu.

Phrase fétiche : « DiiiiiDaaaa »

Repas favori : Tout. Absolument tout. Même ce qui ne se mange pas.

Sport préféré : Démolir les jeux de ses frères et fouiller dans les armoires.

Arme secrète : Son sourire Colgate et ses câlins de koala.

Super pouvoir : Trouver TOUT ce que ses parents lui cachent. Tout. Sans exception.

Prénom et nom : Blanche Tremblay

Surnom : Poule

Âge : 5 mois

Couleur préférée : Blanc (tadoum tiche)

Phrase fétiche : N'importe quelle onomatopée

Repas favori : Or Blanc, lait de maman

Sport préféré : Dormir le jour

Arme secrète : Ses flatulences éloignent l'ennemi.

Super pouvoir : Faire la fête sans fatigue de 23 h à 5 h

Stéfany Mc Lean Photographe

BLANCHE

JEAN-FRANÇOIS

Prénom et nom : Jean-François Tremblay

Surnom : Chasseur de maisons

Âge : 29 ans physiquement,
5 ans mentalement par bout

Couleur préférée : Camo

Phrase fétiche : « B ? C'est où ça ? »

Repas favori : La bouffe de sa mère !

Sport préféré : Flipper des maisons

Arme secrète : Sa barbe

Super pouvoir : Lutter avec ses enfants
sans les blesser.

Arcouette&Co.

Stefany Mc Lean Photographe

MARIE-ÈVE

Prénom et nom : Marie-Ève Piché

Surnom : Maman Caféine

Âge : 29 ans. Et je n'aurai JAMAIS 30.

Couleur préférée : Tant que ça flash.

Phrase fétiche : « Lâche ton pénis » (J'ai 3 fils...)

Repas favori : Melon d'eau / Café

Sport préféré : Gérer 4 enfants, le chum, pis un blogue.

Arme secrète : Ses 6 cafés par jour

Super pouvoir : Ne plus ressentir la fatigue depuis 6 ans. Dormir c'est pour les faibles.

Stéfany McLean Photographe

6 : 00

Réveil dur et pénible avec 4 *snoozes* aux 7 minutes. Je me traîne jusqu'à la salle de bains pour un pipi éclair de 10 secondes avant que bébé me réclame une première tétée de la journée. Je l'allaite donc assise sur la bol. OUI ! Vous avez bien lu ! Tentative de boire un café chaud. Échec. Les cocos se lèvent à ma première gorgée.

7 : 00

Les enfants sont en train de manger et je cours à gauche et à droite pour sortir leurs vêtements en fonction de la température variante du Québec. Je crie aléatoirement : « Allez on mange les amours, lâche ton frère, mange pas de petit gâteau, non ça c'est la brassière de maman, pas une casquette... » La routine quoi !

UN 24 heures AVEC MAMAN CAFÉINE

8:00

Les enfants sont à la garderie après 1 heure de niaisage, car je vais au gym ce matin. Oui oui. M'en va forcer. Sortir le méchant. Suer. Tout en tentant, sur le chemin, une deuxième fois de boire un café chaud. Allaitement en essayant de commencer mes séries d'abdos.

9:00

Cours qui se termine au gym, direction douche rapide et bureau avec la mini. C'est du sport. Pour ça que je m'entraîne. Ouverture de la boîte de courriel en arrivant. Arrêt cardiaque en voyant mes 137 messages quotidiens. Bah, la moyenne là.

10:00

Lecture et réponse aux courriels en cours. Appel pour une collabo pendant que ma fille régurgite devant moi. Me rendre compte que j'ai envoyé le plus jeune avec les mauvaises chaussures à la garderie. Culpabiliser. Avoir les larmes aux yeux. Maudites hormones.

11:00

J'ai faim. J'écoute plus rien. Bébé aussi. J'allaite à l'infini on dirait avant qu'elle s'endorme. Je termine un dernier *blitz* de textes et de réponses aux courriels. Ptite vidéo *selfie*, j'ai une bonne idée d'une anecdote de la veille. Une histoire d'enfants qui fait un débat. *Again*.

Tes enfants ne veulent vraiment pas manger ce tofu ? #KetchupTaVie #AcheterLaPaix

12 : 00

Dîner avec l'homme. On a 1 heure. Comme ça fait genre 1 semaine qu'on fait juste se croiser à la maison, on fait une mise à jour des enfants/rénos/projets/factures/notre couple. LOL. Je mange froid. Car bébé s'est réveillée à la seconde où j'ai eu mon assiette.

13 : 00

Je rêve que bébé ait envie de dormir. Il me semble que ça me donnerait une pause. Peut-être que je dormirais aussi. Je vais prendre un café. Double dose d'espresso. Oh et je vais m'acheter du courage, tsé, pour toffer jusqu'à 20 h ce soir.

14 : 00

Préparation de notre sac de vêtements et accessoires en prévision du shooting photo de demain. Tout en faisant 47 brassées de vêtements. Car tsé, je me rends compte qu'on n'a plus rien de propre. Je sirote mon café rendu froid. *Again*.

15 : 00

J'allaite. *Forever*. À l'infini.

16 : 00

Je vais chercher les trois plus vieux à la garderie. J'anticipe la soirée. Je songe au souper à préparer. Soudainement je me souviens des mille places que je dois faire avant d'aller chercher les enfants. Moment de panique. Comme chaque soir. Je suis si organisée.

J'aime bien dormir le dimanche matin! C'est une blague, je suis maman, je ne dors pas le dimanche matin… je ne dors jamais. #JexagèreÀPeine

Des nuits BLANCHE ?

17 : 00

Ambiance de cirque dans la maison, je me change en pieuvre. Littéralement. Balzac et Blanche en portage double, je coupe du concombre pour déculpabiliser de leur servir un *grilled cheese* pour souper. Bébé a faim. Pour elle aussi c'est le lunch. J'allaite.

18 : 00

Les enfants ont mangé leur repas à moitié. Moi j'ai fini leur assiette en débarrassant. Ce fut mon repas. J'anticipe l'heure du dodo. Panique interne. Mais je ne le montre pas à ma progéniture, elle ne doit pas voir ma vulnérabilité. On fait une *game* de cachette. Je ne leur laisse pas de chance ce soir, c'est MOI qui gagne. Ça fait du bien des fois !

19 : 00

Balzac va se coucher, un de moins dans la tribu. J'allaite, encore et encore. Je m'endors. Je prends donc un dernier café. Tsé, pour la luck. Je triche. Je dis aux deux plus vieux que c'est le moment du dodo 25 minutes avant l'heure. Ils ne savent pas lire l'horloge. J'en profite. Ils me tètent une histoire. Ça finit avec 3. Comme toujours. Je bâille entre chaque phrase. Ça vous arrive aussi ? ? ?

20 : 00

Les enfants sont au lit. Enfin. MAIS NON ! C'est une blague. Pendant 30 minutes je gère des : « j'ai soif » « j'ai faim » « j'ai mal » « je ne suis pas fatigué » « j'ai encore soif » « j'ai envie » « j'ai vu un monstre »... À l'infini.

21 : 00

Voir le même combat qu'à 20 h...

22 : 00

Je me tape un ou deux épisodes d'une série Netflix pour dire que j'ai un moment JUSTE À MOI... Tout en allaitant... et en mangeant quelques jujubes en cachette. Je jubile. C'est aussi *cool* qu'un tout-inclus dans le Sud.

23 : 00

Je repense à ma brassée trempée dans la laveuse. Elle traîne là depuis 16 h... Je la repars, tsé, ça pue.... Je songe à aller me coucher. L'homme arrive de son « 5 à 7 ». On va s'étendre. Blanche se réveille. Bien énergique. Elle a envie de faire le party. Pas moi. Mais je lui pardonne, elle est si « cute ».

On dort

tout le monde DORT !

00 : 00

Je me couche enfin. Ces minutes sont les plus délicieuses de la journée. Au moment de m'endormir, je me mets à penser à ce que les enfants feront demain. Au repas à faire et au rendez-vous chez le pédiatre de la plus jeune.

1 : 00

Je dors. OMG ! JE DORS.

2 : 00

Robinson a fait pipi au lit. Il hurle. Il réveille Blanche. Je change les draps et le nettoie. Et le recouche, Blanche tétouillant allègrement mon sein... elle refuse de se rendormir si vite...

3 : 00

On dort. OMG ! Tout le monde DORT !

4 : 00

Balzac se réveille, il a perdu son toutou. Je vais lui rendre en marchant comme une ninja, je ne veux pas réveiller le reste de la meute. Je réussis. Je crie victoire. J'en réveille un... *FUCK MY LIFE.*

5 : 00

Je dors, avec Blanche au sein. Je bave, Je suis à mon meilleur.

6 : 00

Léo se réveille. AlleZZZ MAMAANNN JE VEUX des TOAASSTTSS. La journée recommence ! ;) Je me *start* un café... Vais-je réussir à le boire chaud ?

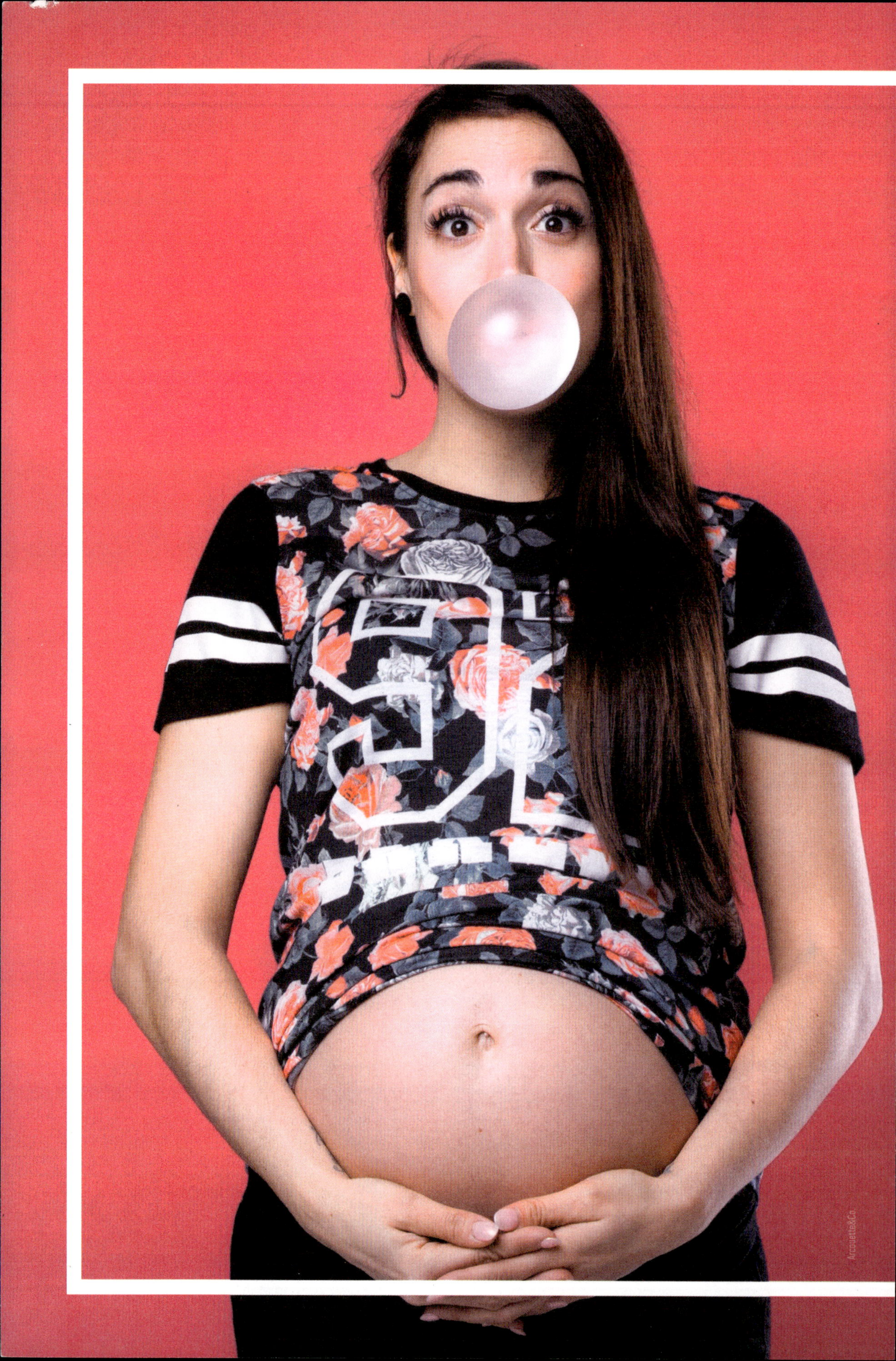
Arcouette&Co.

LA GROSSESSE

Il n'y a pas de mot pour dire à quel point c'est fort l'amour qu'on ressent pour nos enfants. Je me souviens d'avoir appelé ma mère après mon premier accouchement en pleurant et en lui disant : « Maman, ça se peut pas que tu m'aies aimée fort de même. Que tu m'aimes fort de même. »

#lagrossesse

Tomber enceinte. Deux mots beaucoup trop faciles à dire, mais ô combien complexes. Pour certaines, c'est un calvaire à vivre, alors que pour d'autres c'est un pet dans l'océan. Moi, je suis de la gang qui tombe enceinte en un clin d'œil. Mais je trouve ça vraiment dur de voir autant d'amies autour de moi qui essaient et essaient encore, en expérimentant tous les moyens de procréation possibles. J'en suis presque gênée quand lors d'une discussion, une amie s'exclame : « QUATRE EN CINQ ! Tu niaises pas avec la *puck*, la petite ! » C'est comme si j'avais développé une peur de blesser quelqu'un ou de mettre de la pression sans le vouloir à une femme qui vient de faire son dernier essai *in vitro*, et pour qui ça n'a pas encore fonctionné.

> En fait, porter un enfant c'est très *nice*, mais le simple fait de devenir parent tout court est extraordinaire, que ce soit par adoption, par don ou par toute autre méthode de conception.

Je pense que cette reconnaissance de mon hyper fertilité a accentué mon ardeur par rapport à la maternité et à mes grossesses. Je m'explique. J'ai vécu très intensément mes grossesses, les amis qui me suivent sur Facebook pourront en témoigner. L'expression de l'amour que je portais à ces petits êtres dans ma bedaine, avant même de les avoir vus par échographie, était infinie. Aimer de même, ça n'avait aucun sens. J'étais si reconnaissante envers la vie et je me sentais tellement choyée que je vivais mes grossesses comme si je gagnais au lotto 6/49 chaque jour. Je publiais une photo aux trois heures sur les réseaux sociaux pour que personne ne rate un centimètre de ma nouvelle bedaine, j'avais les mains collées sur mon ventre 24 h sur 24, je me projetais déjà dans un allaitement prolongé, dans du maternage proximal et rocker le portage. Du moment où j'ai appris qu'un mini-humain m'avait choisie comme maman, jusqu'au moment où je l'ai mis au monde, mon cœur et ma tête n'étaient habités que par lui. Je sais, avec le temps j'ai appris à doser, mais la maternité est quand même ce qui m'est arrivé de plus beau et de plus effrayant à la fois. C'est vrai que c'est différent de mes souvenirs d'enfance, quand je jouais à la poupée. À quelques détails près. Mais il reste que dans le fond, tomber enceinte, c'est généralement une des expériences les plus marquantes dans la vie d'une femme.

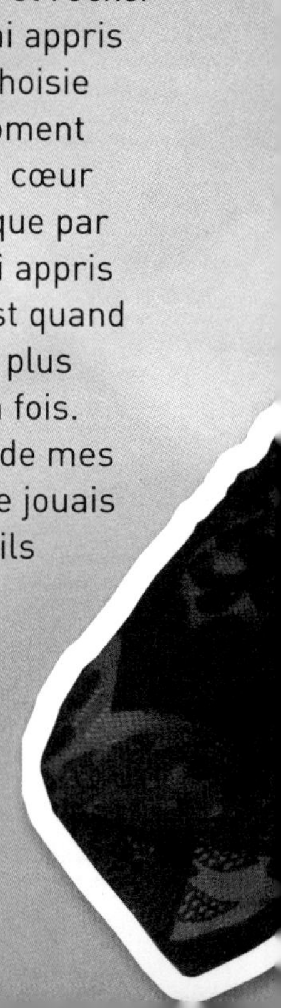

Ces gens qui tripotent ton ventre quand tu es enceinte : (ou pu enceinte) #VasAuDiableJteConnaisPasCesseTesAttouchements #MafaceDégageUnDécalisse

À TOI, la fille qui ne tombe pas enceinte.

Premièrement, câlin. Je sais que quand on veut tomber enceinte, on le veut « hier » notre bébé. Tu t'en fous quand et comment c'est supposé arriver, tu veux juste que ça arrive. Et là, on te dit : relaxe, penses-y pas, on te donne des trucs mais ça va pas assez vite à ton goût. « VOS YEULES JE SUIS RELAXE ! ! ! » Et quand tes menstruations arrivent, c'est les pires jours de ta vie. T'es atterrée et tout ce que je veux te dire c'est : « c'est correct, t'as droit (double câlin). » Avec tous les miracles que j'ai vus autour de moi, je t'en supplie, permets-toi de continuer à y croire. Garde la tête haute même quand c'est *rushant*. T'as le droit de rêvasser et de te visualiser avec un enfant. Un jour à la fois, et quand c'est trop dur, une minute à la fois... (triple câlin).

À TOI, la fille qui tombe facilement enceinte.

Sens-toi pas mal. C'est une richesse que tu as, sois-en fière et vis-le pleinement. C'est un peu comme le paradoxe de la minceur : c'est pas parce que t'es mince que tu dois te sentir mal d'aller au gym. L'important c'est juste de doser dans certaines situations plus délicates. Se sensibiliser à l'infertilité ne devrait toutefois pas t'empêcher de vivre et d'exprimer ta joie.

#BrûluresD'estomac
#SuerCommeUneFontaire
#CravinDeMelonD'eau

#biodemesgrossesses

Léo

Cette première grossesse concrète est arrivée trois mois après une fausse couche douloureuse.Ce bébé soleil, bébé douceur.

Mon bedon avait « poppé » si vite que c'était impossible de le cacher. Je mangeais des jujubes. Genre, trop de jujubes. Pas n'importe lesquels. Les mous, là. Pas surette. Pas de réglisse. NENON. Des gummies. En quantité palettes d'entrepôt de chez Costco. J'avais 23 ans. J'ai à peine pris 25 livres. Je vivais le rêve. C'était beaucoup trop facile comme grossesse.

Dans ma naïveté, je croyais que c'était comme cela pour tout le monde. Je me suis rendue au gym trois fois semaine jusqu'à ma 38e semaine. J'ai accouché naturellement, en 18 heures. J'en garde un beau et bon souvenir. Je suis sortie de l'hôpital et, déjà, on mangeait au restaurant après mon *shopping*. #Lol #LeBonVieuxTemps

Stéfany Mc Lean Photographe

Robinson

Je mangeais de la salade césar. Ce n'était même plus normal, là. J'aurais aisément pu me lever la nuit pour m'en faire une. Ça envahissait mes pensées. J'ai pris 60 livres. On me demandait parfois si j'attendais des jumeaux.

J'avais les hormones dans le tapis ; un courant d'air me rendait agressive. Vers ma 33e semaine, j'ai eu une gastro – la joie – et s'en est suivi un décollement placentaire. Robinson, AKA Binou, est finalement né à ma 35e semaine et demie, inerte. Bleuté et sans réaction.

Après quelques manœuvres des professionnels de la santé, il a émis un faible son. Puis, on lui a donné rapidement de l'oxygène et fait un massage cardiaque. Robinson n'était pas prêt à sortir de mon ventre, et moi non plus. Il aurait dû rester plus longtemps, mon petit ange, pour parachever ses poumons de champion.

On m'a donc annoncé son transfert en urgence vers Montréal où on l'accueillerait aux soins intensifs du service de néonatalité. Quelques heures après mon accouchement, je signais donc mon refus de traitement pour fuguer et retrouver mon fils. C'était impossible de demeurer loin de lui.

Les premiers mois furent éprouvants, je me suis alors promis de ne plus jamais tenir une grossesse pour acquise. Et de chérir mes enfants en santé.

Balzac

Premièrement, je suis tombée enceinte de mon petit bébé blond dans le mois suivant un curetage. Je croyais donc plutôt à un reste d'hormones qu'à un bébé. J'étais échaudée. Je n'y croyais pas vraiment.

Lorsqu'on a vu le petit cœur à l'écran, je suis même restée super passive. Je ne voulais pas m'emballer et risquer de souffrir encore. Mais, le temps a passé et bébé s'est accroché.

Des blizzards de chez Dairy Queen, tu ne veux même pas savoir combien j'en ai engloutis. Je me souviens, je me rendais au service à l'auto pour que personne ne soit témoin du fait que je commandais le format jumbo. Et je demandais deux cuillères, croyant ainsi que la fille au comptoir ne me jugerait pas. J'ai pris 40 livres. Avec tout le sucre que j'ai mangé, je me trouve bien chanceuse !

J'étais fatiguée par contre, car j'en avais déjà deux autres à gérer, dont un qui ne faisait pas encore ses nuits. Ce n'est pas compliqué, la nuit, je faisais des rêves dans lesquels je dormais. Heureusement, le café existe.

Balzac est arrivé à 37 semaines, des suites d'un accouchement avec sage-femme à domicile qui s'est finalement terminé à l'hôpital, mais duquel je ne changerais rien. Frappée d'un fort *baby blues*, je me suis toutefois questionnée sur la possibilité d'en avoir un quatrième.

Blanche

J'ai su que j'étais enceinte lors d'un rendez-vous pour la pose d'un stérilet. Ils ont trouvé mon col de l'utérus étrange. Prise de sang, écho *dating* : tadam ! « On ne vous mettra pas de stérilet aujourd'hui, voici le cœur d'un petit bébé. » BOUM !

Nouvelle choquante mais belle à la fois. Je ne l'attendais pas si vite, celle-là. Je m'attendais encore moins à une petite princesse après avoir eu trois garçons !

Du melon d'eau j'en ai ingéré l'équivalent de 50 tonnes, je crois. En cubes, en tranches, en jus, en salade, en bonbons, en intraveineuse, *name it*. Je sortais dans des tempêtes de neige pour réussir à en trouver, même s'il coûtait 15 $. J'ai aimé le melon autant que mon bébé, je crois ! #Intense.

J'ai jamais été aussi émotive et à fleur de peau. Brailler devant l'émission *La poule aux œufs d'or*, par exemple. Lorsque je suis arrivée à 35 semaines et qu'un après-midi comme les autres, j'ai eu de fortes contractions, je ne me doutais pas que Blanche arrivait. C'est en découvrant qu'un pied sortait de moi, assise sur la toilette, que j'ai – peut-être – paniquée un peu. #OhMonDieu. Arrivée à l'hôpital, la césarienne d'urgence était la seule option, et c'est alors que j'ai su que ma poulette serait bien unique.

Stéfany Mc Lean Photographe

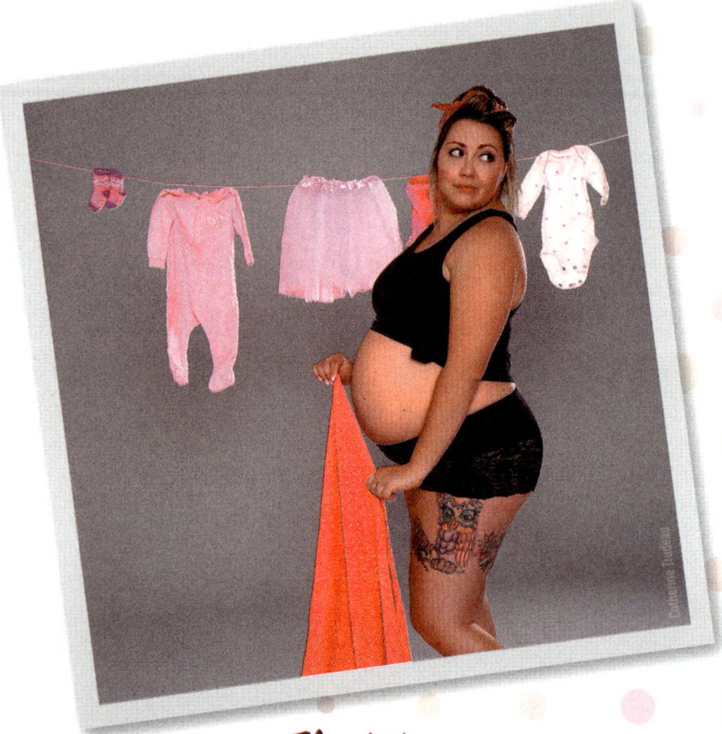

COLLABORATRICE

Karolyne Fleury

C'est positif ! Je suis enceinte. Ma première grossesse, celle tellement espérée. Je suis assise sur la toilette, un bâton trempé de pipi dans les mains et je ne suis pas certaine de ce que je ressens. J'ai soudain très peur. J'ai mal au cœur et je panique. La première chose à laquelle je pense : « Oh non, va falloir que j'accouche ! »

Tu le veux ton bébé, ben plus fort que n'importe quoi, mais tu n'as pas idée dans quelle aventure tu t'es foutue pis tu commences à avoir la trouille. T'as oublié tous les trucs que t'as lus sur Internet et les conseils reçus de ton entourage. Et puis, avant qu'il arrive, ce petit humain-là, il y a la grossesse…

Ma grossesse jour 45 : Parce que oui, j'ai attendu un bon boutte avant de faire un test. Parce que j'étais ben tannée d'être déçue mois après mois les deux dernières années. Ça commence de même. Un mardi soir fondue chinoise avec mon homme durant lequel je passe mon temps à pleurer. Le stress ou les hormones. Un beau mélange d'émotions qui me fait avaler mes bouchées de pain un peu de travers. Je vais être maman.

Ma grossesse jour 46 à 174 : Mon corps est fuck top. Tout d'abord, j'ai les sens tout mélangés. À l'épicerie, rangée du café frais : l'horreur. Incapable de supporter l'odeur. Pourtant, je carbure à la caféine depuis très longtemps. Je trouve que le bœuf haché ne goûte plus la même chose et j'engloutis un nombre incroyable de Quick aux fraises. Je te dis fille, je ne me reconnais déjà plus.

Viennent les changements physiques. Moi, j'ai explosé ! Écoute, la balance était pu capable de me voir le matin. Ça faisait bien mon affaire, parce que moi non plus ! Il y a une rumeur qui dit qu'à un certain moment, à la fin de la grossesse, on ne voit plus ses pieds. Tadam ! Six mois de grossesse et ils ont officiellement disparu. Alors je te conseille de ne pas trop lire les 53 blogues sur la grossesse, tu peux être bien déçue, à moins que tu sois la chanceuse qui reste parfaite tout au long des neuf mois. Toi, je t'ai souvent détestée. Maintenant, on fait la paix ! Il y a mes seins aussi. Ils sont gigantesques. Pas gigantesques beaux à la Marilyn qui danse les vendredis soirs. Plutôt lourds, mous et pleins de veines bleues. Je te dirais que je ne me sens pas top modèle. Je suis plutôt le Dodge Caravan, pratique pour traîner la famille, mais pas aussi joli et performant que les petites voitures sport.

La balance était pu capable de me voir le matin. Ça faisait bien mon affaire, parce que moi non plus !

Ma grossesse jour 175 au jour J : Mes hormones sont toutes mêlées. Je pleure quand Monique de Saint-Lin gagne une paire de billets pour le musée de la Civilisation, à la radio. Moi, des petites madames qui réalisent un rêve, ça m'émeut. Je pleure quand une amie me texte « bonne journée ». Je pleure quand je suis fatiguée. Je suis tout le temps fatiguée. Je pleure tout le temps.

J'ai maintenant des reflux gastriques. Pas juste quand je mange quelque chose d'épicé. J'ai des reflux après avoir regardé un verre de lait. Ça me pique dans la gorge sans arrêt.

Je n'ai officiellement plus de cheville. Elles ont disparu en même temps que mes beaux cheveux, mon piercing de nombril et mes jambes bien épilées.

J'ai chaud. J'ai toujours chaud. On dirait que tout le monde monte le chauffage en plein été. Je ne suis plus capable des journées ensoleillées. Je suis assise à l'ombre, en grosse baleine et je ne bouge plus de là.

Je monte maintenant les escaliers de peine et de misère. J'ai découvert comment mettre des bobettes d'une façon assez surprenante. Je pète sans arrêt, j'ai toujours faim et j'ai hâte d'accoucher. Je vais faire pipi six fois, chaque nuit. J'ai la peau sèche et les yeux cernés !

Il y a tant de choses, d'émotions et d'étapes de ma grossesse que je n'ai pas nommées. Je ne veux pas te faire peur fille. J'adore être enceinte, mais c'est pas vraiment comme dans les films de Disney ou les photos Instagram. C'est un peu plus dur que ça.

Je suis en pleines contractions, les vraies de vraies, je le sais, je les sens. Direction hôpital, bien effrayée. Je flatte ma belle grosse bedaine. Les derniers mois ont parfois paru interminables. Souvent, je ne me sentais pas bien dans mon corps. J'arrive à l'étape accouchement, une tout autre histoire.

Au fond, nous sommes toutes pareilles, toutes un peu folles. Dès que bébé quitte notre ventre rond, on a si hâte de revivre une grossesse. On oublie les désagréments, les douleurs, les malaises et on veut revivre chaque instant. On se souvient seulement du beau, à quel point on se sentait femme et comment on l'aimait notre bedaine. Alors on travaille fort pour convaincre l'homme et on attend patiemment un autre test positif ! Deux grossesses, rêve à une troisième !

Ne jamais avoir de *eye contact* avec un bébé sur le point de s'endormir, celui-ci pourrait brusquement annuler sa mission en sentant ton sentiment de paix intérieure.

Stéfany Mc Lean Photographe

LES FAUSSES COUCHES

Même si je déborde d'humour et d'autodérision, il n'y a absolument aucune blague adaptée pour ce thème. #OnSeComprend

#lesfaussescouches

La fausse couche : l'affaire que tu penses qui arrive juste aux autres.

Pour en avoir fait trois, je me permets d'aborder le sujet doucement avec vous. La première fois que ça t'arrive, la Terre arrête de tourner et tu ne crois pas que ce sera possible de t'en remettre un jour. La douleur est vive, aiguë. Ton cœur crie à l'injustice, et la peur de ne jamais plus abriter un petit cœur en toi est grande.

Ma première, on me l'annonçait un mardi matin : « Marie-Ève, il n'y a plus de petit cœur qui bat. » Éclat de sanglots. On me dit alors : « Faut arrêter de pleurer, ça fait déjà deux semaines selon mes calculs. » Claque sur la gueule ! Tu n'as pas le droit de me dire ça comme ça. Quel manque de tact ! En plus, je devais revenir le vendredi pour un curetage et une aspiration. *Nice* ! Je retourne donc chez moi, je me sens comme un cercueil et je tente de vivre avec le fait que mon bébé est mort dans mon ventre. Je me souviens d'avoir dit à JF : « Débarque du char et va cacher tout ce qui a rapport à un bébé. TOUT ! Pis assure-toi que je ne tombe pas dessus. » C'était aussi la première fois que je voyais mon chum aussi ébranlé depuis le début de notre relation. Après trois jours qui m'ont paru un an, j'ai eu mon curetage et je suis revenue chez moi vide, dans tous les sens du terme. On m'avait dit qu'on était plus fertile après un accouchement ou une fausse couche, peut-être pour me remonter le moral, mais je suis effectivement retombée enceinte trois mois plus tard. Je voulais ravoir ce que la vie m'avait enlevé, aimer un bébé encore. Et là, arrive le stress : et si je le perdais une fois de plus ? Par chance, tout s'est bien passé. Mais la vie m'en a enlevé deux autres par la suite. Chaque fois qu'on t'annonce que tu perds un bébé, l'émotion est aussi décrissante, ça fait mal, *steady* pis égal pendant des mois. Les deuils sont tous lourds et poignants, mais ceux qui sont arrivés après mon premier fils ont duré moins longtemps parce que j'avais déjà de petits êtres dont je devais m'occuper et qui avaient besoin de moi. Quand une fausse couche survient, tu te demandes pourquoi, tu penses que tu ne pourras jamais avoir d'autres enfants, tu vois des bébés partout, comme si la vie faisait exprès de te mettre ça en pleine face. Je me rappelle ne pas avoir été capable de participer à des activités familiales pendant de longues semaines. Je me rappelle aussi avoir pété une coche à une amie qui chialait contre ses dernières semaines de grossesse parce que moi, à ce moment-là de mon deuil, je les aurais bien pris ses symptômes plates. Mais toutes celles qui m'avaient dit de laisser le temps faire son œuvre avaient raison. Oui, un matin qui semble comme les autres, tu te réveilles et tu te sens mieux. Non, ce n'est pas vrai. Tu te sens moins mal. La douleur est moins vive. Tu recommences à vivre plus légèrement, tu vois la lumière au bout du tunnel.

La fausse couche : l'affaire que tu penses qui arrive juste aux autres.

Avec du recul, toutes les fois où on m'a annoncé la nouvelle de mes arrêts de grossesse, on aurait dit que j'avais déjà un mauvais pressentiment. Mon subconscient sentait quelque chose de pas *safe*, de négatif. Lors de mes autres grossesses, malgré le stress, j'avais confiance, comme si ces fois-là, une petite voix me disait : « C'est la bonne. » Il faut savoir qu'une grossesse sur cinq se solde par une fausse couche.

Avec le temps, je me suis sentie moins seule, mieux comprise et quand je voyais une femme enceinte, je me disais qu'elle avait peut-être déjà vécu une fausse couche, elle aussi.

COLLABORATRICE

Marie-Claude Mathurin

Approche et laisse-moi te raconter la fois où ma vie s'est arrêtée sans crier gare. Je vais te parler d'un sujet qui est encore tabou, qui dérange. Je vais te parler de deuil périnatal, en fait de mon deuil périnatal ou comment la mort de mon fils est venue chambouler mon dedans et mon dehors. Pour être tout à fait honnête, ce n'est pas juste ma vie qui a été frappée par un train sur la cocaïne, mais c'est mon texte alors ce sera ma réalité.

Le synopsis de ma vie à ce moment se lirait comme suit : jeune professionnelle dynamique de trente ans menant une carrière florissante, mère débordée de trois crapules tout de même attachantes, amoureuse du même être humain depuis douze ans, se fait annoncer à vingt-cinq semaines de grossesse qu'elle doit accoucher et que la survie de son bébé est sans espoir. Joyeux non ? Je vais t'éviter toute la chronologie des événements car sinon on va encore y être demain et parce que c'est le genre de discussion que je préfère encore mener un verre à la main. De toute manière, le plus important c'est que le 29 août 2013 à vingt heures quarante-deux minutes, très précisément, j'ai donné la mort à mon fils Liam.

J'ai enduré à froid la douleur des contractions, en sachant que chacune d'elles me rapprochait de plus en plus du moment où j'allais tuer mon fils. Je ne voulais pas endormir ni engourdir la douleur, je voulais la ressentir et la recueillir pour punir mon corps. Je sais, je sais, tu trouves que j'y vais fort mais c'est mon histoire, mes sentiments, mes émotions. En fait, je suis égoïste, parce que ce n'est pas juste ma souffrance, loin de là. C'est celle de l'infirmière et du médecin, sur la coche by the way, qui pleurent en silence dans cette salle de torture qui ne résonne que de mon dernier cri quand je pousse finalement mon bébé en dehors de moi. C'est celle de mes parents et de mes beaux-parents qui attendent tout près pour rencontrer leur petit-fils et nous réconforter au creux de leurs bras, tels les enfants que nous sommes encore quand rien ne va. C'est aussi celle d'un grand gaillard à la barbe fournie qui se vide littéralement de toutes les larmes de son corps en serrant contre lui sa petite boule d'amour d'à peine une livre. Je vais toujours me rappeler le bruit de ses sanglots saccadés, qui lui déchiraient les entrailles, qui le bouffaient par en dedans. Enfin, c'est aussi la douleur de mes filles qui n'y comprennent rien mais qui savent dans leur cœur d'enfant que rien ne va plus, que les jeux sont faits. Le même soir, tu sors de l'hôpital le ventre vide, la tête en compote et le cœur dans un tiroir d'une morgue glaciale. Il faut maintenant que tu t'occupes des arrangements funéraires pour ton bébé. Et vlan, une autre claque dans la face. Attends fille, le cauchemar n'est pas fini, il ne fait que commencer.

Approche et laisse-moi te raconter la fois où ma vie s'est arrêtée sans crier gare.

Au début, j'étais bien entourée par une famille aimante et des amis extraordinaires, mais je devais faire mon deuil seule. Comme un animal blessé, je suis devenue sauvage de souffrance et je me suis isolée dans une bulle pour essayer d'apprendre à survivre avec un trou béant dans l'âme. Une seconde à la fois, une minute à la fois, une heure à la fois. Je n'avais pas le choix, j'avais trois puces qui comptaient sur moi, qui avaient besoin de moi. Je me levais le matin, je mettais mon masque de Superwoman en place et je passais péniblement à travers la journée. Chaque soir, je m'endormais en pleurant, mon oreiller encore humide de mes larmes du matin. C'est ainsi que les journées sont devenues des semaines, les semaines se sont transformées en mois et, sans trop savoir comment, des années se sont écoulées.

À toi je peux avouer que je suis devenue ce masque sans m'en rendre compte, que je me suis crissement perdue en chemin. Mon monde s'était arrêté de tourner par une belle journée d'été et il n'était jamais reparti. Je regardais défiler ma vie, tout tournait autour de moi mais je n'avançais plus. En dehors j'étais encore la même fille souriante, toujours de bonne humeur, pétillante de vie, qui éclate de rire pour un rien et qui est toujours disponible pour les autres mais en dedans c'était mort. Tu as sûrement déjà deviné que mon couple n'y a pas survécu. Tu as sûrement aussi deviné que, si je prends la peine de t'écrire, c'est que du beau est quand même ressorti de tout ça. Reste avec moi encore quelques lignes et je vais te raconter le plus beau de mon histoire.

La blessure sur mon cœur n'est pas totalement guérie et elle se rouvre de temps en temps. Toutefois, j'ai appris à l'apprivoiser et à vivre avec en nourrissant le bon loup en moi. Pour ce faire, j'ai dû me réinventer, retrouver qui j'étais au plus profond de moi. La perte de mon fils a chamboulé ma vision de la vie et a redéfini ma personnalité. Maintenant, j'essaie de vivre le moment présent, de savourer chaque instant qui passe. J'essaie d'être un meilleur être humain pour redonner un tant soit peu à l'humanité. Je sais maintenant que je suis la somme de mes joies, de mes peines, de mes succès, de mes échecs. Je sais aussi qu'il est impossible de comprendre totalement la souffrance de quelqu'un, mais qu'il est possible de l'apaiser pour un instant. Le réconfort ne se trouve pas dans les mots mais dans l'absence de jugement et dans l'écoute du cœur et de l'âme de l'autre. Il est aussi dans la reconnaissance de la douleur de l'autre, car la douleur n'est pas contagieuse mais l'amour l'est. Sur ce, je te laisse avec ce que je souhaite pour toi, pour l'être humain extraordinaire en toi.

Je te souhaite ce que l'on a déjà en profusion mais que l'on ne voit pas nécessairement, l'amour, que ce soit de nos enfants, de notre amoureux, de nos amis, de notre famille. Je te souhaite *de profiter de chaque instant et de chaque moment et de ne pas attendre pour t'enivrer de ces petites joies. Je te souhaite de pouvoir te dire et de pouvoir dire « aujourd'hui ça ne va pas, j'ai besoin de toi ». Je te souhaite de ne pas attendre trop longtemps pour réajuster le tir, de le faire dès que ça déraille un peu. Je te souhaite d'avoir les couilles pour changer ou améliorer les situations et les relations qui ne sont pas pour toi, même si cela bouleverse le confort du quotidien. Je te souhaite d'écouter, d'écouter cette petite voix que tu essaies si bien de faire taire, mais surtout d'écouter les autres, de prendre le temps de vraiment les écouter.*

De ma grande expérience de vie (sarcasme), j'ai appris que l'amour inconditionnel ne se remplace pas, que je suis crissement bien entourée et que je peux réussir ce que je veux grâce à moi et surtout grâce à ceux qui croient en moi.

J'allais oublier le plus important, je te souhaite de la bonne humeur quotidienne et un sens de l'humour à toute épreuve, tu vas voir, y a pas un calisse de problème qui résiste à ça (sauf une toilette qui bloque en pleine épidémie de gastro mais bon...).

Merci à mon fils, sans lui je ne serais pas ce que je suis aujourd'hui.

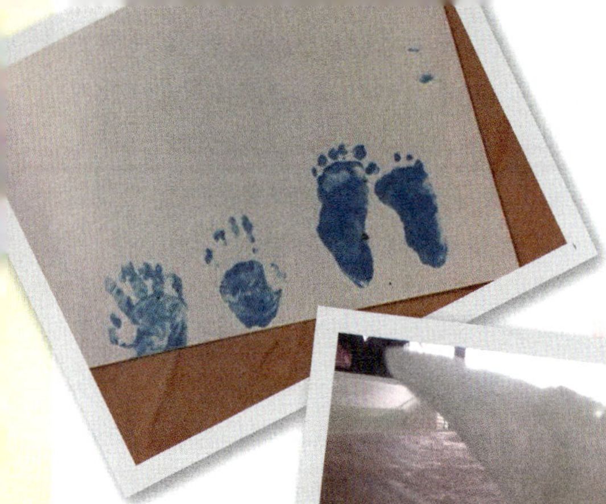

M-C. M

La vie, parfois, peut apporter de merveilleuses surprises, mais aussi de dures épreuves. J'ai 26 ans et deux beaux enfants, un porté dans mon ventre et un porté dans mon cœur. Mais j'ai eu 9 grossesses, j'ai perdu 6 petits anges maintenant au ciel, une petite fille à 24 semaines de grossesse partie trop tôt, un beau garçon bien en vie qui nous rend fiers et un petit chaton né trop vite, à 18 semaines de grossesse. Jamais je n'aurais cru que la vie pouvait s'acharner autant sur une personne.

Bien vite dans ma vie j'ai voulu avoir des enfants et en regardant autour de moi, ça avait l'air si facile. Pour moi tomber enceinte est relativement facile, on en parle, on ne se protège pas un mois et voilà bébé est en route. Le problème, c'est que j'ai terriblement de mal à mener une grossesse à terme. La douleur et la peine qui m'envahissent chaque fois sont indescriptibles. Quand j'ai perdu ma fille, j'étais jeune et j'avoue avoir passé par-dessus trop facilement. Mais mon fils, que j'ai perdu à 26 ans, lui j'ai eu et j'ai encore beaucoup de misère à accepter son départ. C'était un bébé surprise qui est apparu dans mon ventre sans qu'on en parle, mais qui était tant désiré. Une grossesse dans laquelle je mettais tous mes espoirs puisque ce serait le dernier de la famille celui qui allait boucler la boucle comme on dit. J'avais décidé de réaliser mon rêve avec un suivi en maison de naissance et d'accoucher comme j'en avais envie.

Les 18 semaines que j'ai passées avec mon coco ont été merveilleuses. On apprenait à se connaître tranquillement l'un et l'autre, il bougeait au son de ma voix et nageait quasiment à la demande. Nous étions tellement bien ensemble. Malheureusement petit homme est né sans vie à la suite d'un accouchement trop rapide et trop tôt pour lui. Le mal que j'ai ressenti dure encore presque 4 mois plus tard. Il me manque mon coco et aujourd'hui je réalise en fait que chaque enfant que j'ai porté que ce soit quelques semaines ou quelques mois me manque. Que je dois vivre leur deuil à eux aussi parce que je ne l'ai pas fait au bon moment.

Si j'avais un conseil à donner à chaque mère qui perd un enfant, ce serait de vivre son deuil comme il faut et de prendre le temps qu'il lui faut pour le vivre. Ne vous sentez pas obligée d'accepter que tout le monde vienne vous voir ou vous parler, mais acceptez de l'aide. J'ai attendu longtemps et je n'aurais pas dû. Accepter un suivi ça ne peut que faire du bien.

Une chose que j'ai apprise cette fois, c'est que mes enfants font partie de moi, et ce, à jamais. Personne ne pourra faire en sorte que je les oublie. Mais j'ai appris à vivre avec leur départ dans mon cœur, ils ont une place de choix. À tous mes petits anges je vous aime et je pense à vous.

Maman xxx M-C. M

Une chose que j'ai apprise cette fois, c'est que mes enfants font partie de moi, et ce, à jamais.

Julie Marcoux

COLLABORATRICE

Rose.

J'avais hâte d'être maman. Mon conjoint ayant déjà un garçon, nous désirions ajouter un membre à notre famille moderne recomposée. Je me rappelle notre énervement en voyant le signe positif sur le test de grossesse au petit matin. Je vivais la nouvelle de ma grossesse paisiblement.

À la dix-huitième semaine de gestation, on m'annonce un résultat anormal à une prise de sang, en ajoutant de ne pas m'inquiéter... C'est comme si on avait enfoncé le bouton panique. À partir de ce moment, un sentiment d'angoisse est monté en moi, comme si je ne pouvais pas contrôler ce qui allait m'arriver.

Le lendemain, dès la première heure, j'ai pris rendez-vous pour passer une échographie, question de me rassurer et de vivre sereinement la journée de mes 31 ans. Les célébrations qui devaient avoir lieu ont été annulées... mon moral était au plus bas et je n'avais pas le cœur à la fête. On soupçonnait chez bébé un spina-bifida.

Une semaine plus tard, dans la salle d'attente de l'hôpital Sainte-Justine, que des couples avec la même mine que celles de mon conjoint et moi. Après consultation, sans détour, ils ont confirmé le diagnostic redouté, ajoutant qu'ils ignoraient si l'enfant pourrait vivre. On nous suggérait de mettre un terme à la grossesse.

De retour à la maison, comment expliquer à un petit garçon de 5 ans que sa petite sœur deviendrait une étoile? Qu'elle ne vivrait pas. Que répondre quand il me demande, en pointant mon ventre, si le bébé dedans est mort? Le flot de questions qui nous traversait l'esprit était grand, presque aussi grand que la peine qui nous habitait mon conjoint et moi. Dans cette maison qui avait vu rire et crier de joie notre petit clan, il ne restait que le lourd silence d'un deuil si grand à venir.

Et porter cet enfant, alors qu'on sait le sort qui lui est réservé, est l'une des choses les plus dures à vivre.

J'ai finalement fait connaissance avec ma fille, Rose. Comment être en paix avec le fait de mettre fin à la vie d'un petit bébé? Mon instinct de maman voulait la prendre, la caresser, la protéger. De sa courte présence sur terre, j'ai beaucoup appris. D'abord, que l'amour et l'attachement n'ont pas de frontières, pas même la mort.

On ne m'avait pas dit que la douleur serait si forte, présente. Que je devrais y laisser le corps de ma fille et sortir de l'hôpital sans mon petit bonheur. De mettre au monde, pour pouvoir laisser partir, mon petit ange au ciel. Une réalité crue et dure comme seule la vie peut nous confronter.

Chaque seconde passée à ses côtés, je l'ai cajolée, admirée, aimée. L'abandonner là-bas, me demandant quand quelqu'un récupérerait son petit corps inerte, m'a hantée une fois de retour à la maison.

Le deuil a été un long chemin de croix. Très douloureux. Ce fut un réel deuil familial. Autant pour le grand-papa que pour la future marraine. Mes parents ne voulaient pas me voir souffrir ainsi.

Une réalité crue et dure comme seule la vie peut nous confronter.

Une certaine naïveté, facilité, joie et bien-être se sont perdus cette journée-là. Pour ensuite faire place aux premières. La date prévue de l'accouchement. Le premier Noël où tu aurais dû être là. La fête des mamans...

Et on a eu envie de réessayer. En se disant que ça ne peut pas arriver deux fois. Qu'autant de malheur ne peut s'acharner deux fois sur les mêmes personnes. Et qu'on a un petit ange pour veiller sur nous et le petit être à venir.

Ma deuxième fille est née environ 18 mois après la naissance de Rose. Ça n'a pas été une grossesse de tout repos. Et j'avais si peur de la perdre, et ce, même une fois qu'elle était parmi nous.

« Est-ce votre premier enfant ? » On se fait trop souvent poser la question. Je précise toujours que non. Que j'en ai une au ciel et une ici. Je suis la maman de 2 princesses.

Rose, tu m'as fait grandir et affronter une épreuve que je croyais insurmontable. Pas une journée ne se passe sans que je ne pense à toi. Je te vois à travers ta sœur qui grandit si vite. La place que tu as dans mon cœur est unique et éternelle.

Chaque soir, une fois les lumières de notre chambre éteintes, j'ai une pensée pour cette petite fille qui fut la mienne l'espace d'un instant. Mon cœur se remplit de peine et d'amour pour toi, ma fille, qui est maintenant au ciel.

Rose, je t'aime.

Maman. -xx-

Un jour à la fois. Une heure à la fois. Et dans le pire des cas, une minute à la fois.

LE CHUM

J'ai dit à mon chum l'autre jour : « Hey ! On devrait peut-être avoir un chien ! » C'est parce que je veux que le chien *clean* sous la chaise haute. On n'aurait même pas besoin d'acheter de bouffe, juste avec ce qui se trouve par terre chez nous au quotidien, il pourrait facilement devenir obèse morbide. Heureusement, avec quatre enfants pour jouer et courir avec lui, ça lui ferait faire de l'exercice. Moi, je trouve que c'est une très bonne idée, mais mon chum n'est pas d'accord.

#lechum

On peut dire le chum, la blonde, le ou la partenaire, le ou la coloc, le mari, la femme... il y a toutes sortes de couples qui sont parents ou tuteurs d'enfants. Ici, je vais utiliser le mot « chum » pour ne pas alourdir le texte, et parce que c'est la formulation qui s'applique à mon cas. Parlons-en.

D'abord, il y a plusieurs catégories de chums : le mien c'est le chum-enfant. Il a arrêté de mûrir à 10 ans, et dans sa tête, il est encore prépubère. Donc : quand il joue au ballon chasseur avec les petits, il lance le ballon trop fort, et aux jeux vidéo, il ne leur laisse pas de chance. Il se plaît à gagner et à être compétitif au même titre que ses enfants. Il vivra une déception à Noël s'ils ouvrent un cadeau avant lui. Cibole ! Il a demandé une épée Star Wars à Noël l'année passée ! ! ! Les *kids* ont eu une grue téléguidée, et je suis pas mal certaine que mon chum était plus content qu'eux quand ils l'ont déballée. Il achète des cadeaux aux enfants en fonction de ceux avec lesquels il a le goût de jouer. #MoiAussiDesFois. C'est vraiment très drôle. J'ai l'impression d'avoir un fils de plus. Et c'est le plus tannant. T'sais, il s'obstine avec les minis pour savoir quelle émission ils vont écouter sur Netflix ! Des fois, mon chum demande même à mon fils de lui prêter sa voiture téléguidée pour vérifier si tout fonctionne bien, et je suis obligée d'aller le chicaner 30 minutes plus tard parce que mon garçon braille pour ravoir sa voiture. Le pire c'est qu'il me répond : « Ben là ! C'est moi qui l'ai achetée ! » #5ansAvecUneBarbe. J'utilise même avec lui des trucs qui fonctionnent avec mes enfants. Comme de lui donner l'impression qu'il a raison. De lui offrir des faux choix. (Oui, oui. Comme aux enfants !) Par exemple, lorsque nous allons au cinéma, je lui demande : « Tu veux aller voir tel film (d'amour) ou tel film (d'amour) ? » Il a vraiment l'impression que c'est lui qui décide, ça le rend heureux, et moi aussi. Mais, trêve de plaisanterie, nous avons tous les deux un fort caractère et on finit par lâcher prise sur plusieurs points. En bref, de s'imaginer que le chum va changer après avoir eu un enfant, c'est une erreur, parce que c'est rarement le cas. Faire des enfants, ça se fait à deux. Si votre chum porte encore son chandail de Mario Bros avant l'accouchement, ça va continuer même s'il est papa.

Pour JF, un enfant de moins de deux ans, c'est très abstrait et complexe ; les besoins des bébés sont incompréhensibles et très, très angoissants. Il trouve ça trop petit, il a peur de les briser. D'ailleurs, il panique si je le laisse seul avec Blanche, ma dernière. Comme il n'a pas porté le bébé dans son ventre, le lien d'attachement avant l'accouchement est souvent plus abstrait pour le papa. C'est important de respecter son rythme, même après la naissance du bébé. Par contre, avec les trois plus vieux, il va trouver des jeux à faire, leur donner leur bain, etc. Bref, il *hold* la situation du moment où l'enfant a un minimum d'autonomie. JF est très attentif aux besoins futurs de ses enfants, pour qu'ils ne manquent de rien, jamais. Moi, je suis plus dans le moment présent, je prends en charge leurs besoins immédiats... et plus.

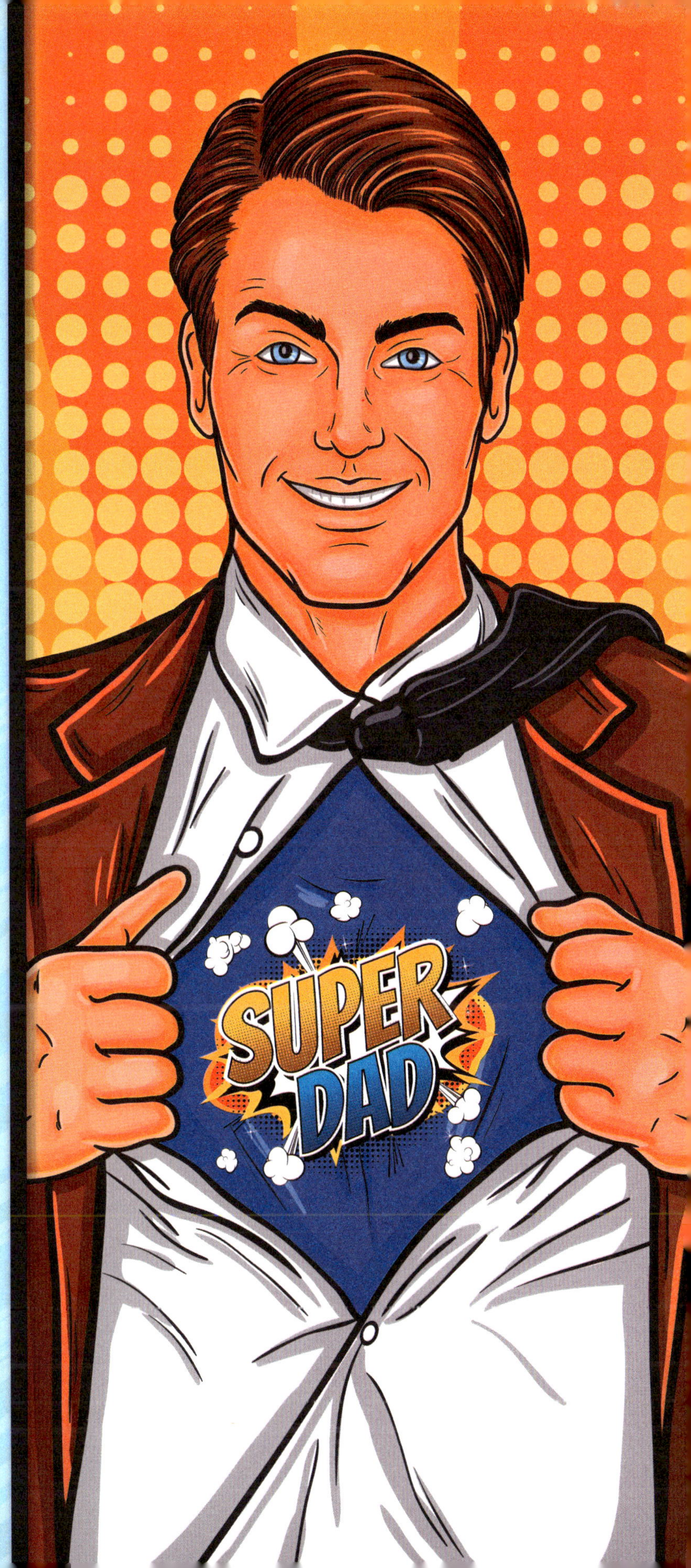

T'sais les *kids* qui sentent bon avec des *kits* qui fittent... Des besoins vitaux, là ! #OnJaseLà

D'ailleurs, en ce qui concerne les enfants, on ne gère pas les mêmes catégories avec les mêmes forces. Les vêtements, entre autres. JF a déjà mis le linge de mon fils de deux ans à celui de quatre ans en pensant que c'était des bermudas et non des pantalons. Je suis déjà allée récupérer mes enfants à la garderie, et trouvé mes garçons en pyjama. Même pas un pyjama qui fitte. Deux morceaux dépareillés. Parce que mon chum pensait que c'était des vêtements. #Sacrilège. Par contre, pour déjeuner le matin, il leur prépare la totale avec des œufs et du bacon. Alors que moi, c'est une toast avec du beurre d'amande. Avec mon chum, ils jouent au paintball, à la lutte, aux dominos, ils se font des circuits de *CrossFit* dans la cour. Alors qu'avec moi, c'est de la lecture, des bricolages, des jeux éducatifs. Quand j'ai inscrit les enfants à la natation, ça me faisait carrément suer d'aller dans l'eau, de me mouiller les cheveux, de devoir les sécher après, mais JF l'a fait. Peu importe sa charge de travail, peu importe les meetings, il n'a jamais négligé les cours des enfants. Il était toujours là, à l'heure. C'est lui qui se tapait l'eau froide, l'odeur du chlore, les yeux qui chauffent. J'ai toujours trouvé ça « wow » de sa part. Car aussi banal que ça puisse paraître pour certains, je n'ai pas vécu ça, moi, d'avoir un papa qui vient à mes cours de natation.

Cependant, quand je pars et que je laisse l'homme seul avec les enfants, mes attentes ne sont pas trop élevées parce que ce qui est vraiment important, c'est qu'il passe du bon temps avec eux. Il est souvent à l'extérieur pour son travail, alors ces moments sont précieux. Et juste de revenir à la maison et que les enfants soient couchés et tout le monde en un morceau, ça me satisfait. Il ne faut pas que je m'attende à ce que le ménage soit fait. Je respecte que lui, sa limite, c'est ça. Est-ce que ça fait de lui un moins bon père ? Un père moins brillant et moins apte à s'occuper de ses enfants ? Je ne pense pas. C'est tout simplement différent. Le « paternage » proximal, on oublie. Par contre, les *kids* rient beaucoup avec lui. En fait, le chum-enfant – le mien – a gardé son cœur de jeunesse.

C'est un papa attentionné, un gros nounours, mais maudit que parfois j'ai l'impression d'en avoir un de plus à gérer ! #PapaRigolo

Dans mon couple, on vit selon un modèle un peu vieux jeu dans plusieurs domaines (comme le ménage, les réparations, la voiture), et je le sais. Comme je suis féministe à mes heures, ça me fait suer et je pète parfois de solides coches. On s'est longtemps obstinés à ce propos et sur plein d'autres choses : les noms des enfants, sur leur éducation, sur le choix des écoles… Mais à un certain moment, il y a une espèce de compromis qui s'est installé… et maintenant ça va mieux. Il faut dire qu'en ce qui concerne les factures, les paiements, la paperasse, c'est moi qui me sens comme une enfant. Je suis nulle, c'est moins mon domaine, mettons. Donc, je suis contente qu'on ait des aptitudes différentes parce que pour les tâches dans lesquelles je suis pourrie, je peux compter sur lui, comme lui sur moi dans celles pour lesquelles il est moins bon. Je l'avoue, si mon robinet coule ou que j'ai un problème avec ma voiture, je suis bien contente que mon chum soit l'homme de la situation. Même si c'est *full* stéréotypé. En fait, pour l'instant, c'est un modèle qui fonctionne pour nous, même si ce n'est pas parfait. #ÇaSePassePasToujoursSansEngueulade. Mon chum, ce n'est pas le partenaire qui va partager les tâches ménagères à 50 % ou qui va changer les couches, mais il est romantique à ses heures. Il adore m'impliquer dans ses nombreux projets, et ses enfants, pour lui, il n'y a aucun doute : c'est de l'or en barre. En réalité, disons-le, il n'y a pas de chum parfait, mais il y a un chum adapté à chacune des blondes.

Peu importe la dynamique du couple, il ne faut pas oublier que le chum a ses limites lui aussi. Dans mon cas, c'est JF qui supporte financièrement la famille. Quand il part le matin, il a toujours cette responsabilité-là sur les épaules. C'est un gros stress. Et de nos jours, les hommes vivent, eux aussi, de la pression socialement. Ils veulent être de bons amants, de bons amoureux et amis et de bons pères. Ils ne souhaitent pas répéter certaines erreurs des générations passées qui ont eu pour résultat : « père manquant, fils manqué ». Ça fait d'eux des hommes qui vivent autrement que nous leurs peurs et leurs angoisses, et ils ne désirent pas toujours en parler ou le montrer. Il faut parfois être compréhensive et lui ouvrir la porte pour qu'il exprime ses sentiments. Non seulement la vie des mères change, mais celle des pères aussi. Et tous les papas ont leurs forces et leurs faiblesses.

En bref, tous les pères sont différents. C'est selon la personnalité de chacun. Il n'y a pas de *dad* typique. Il y a des papas de tous les genres comme des chums de tous les genres.

COLLABORATRICE

Mélina Brisson

Mon chum voulait des enfants et moi, j'en voulais plus que tout au monde. Alors, un jour, nous avons décidé de procréer. À mon grand étonnement, cela ne nous a pris qu'un essai : le premier mois je suis tombée enceinte.

Quand je lui ai annoncé que j'étais enceinte, il a réagi du genre : « ah ouin, déjà... » Moi j'ai pleuré, crié, sauté, j'ai passé par toute la gamme des émotions et lui seulement : « ah ouin ! » Bon il s'est mis à sortir dans les bars et à se saouler comme s'il n'y avait pas de lendemain par peur de perdre sa liberté quand le petit arriverait, mais bon à chacun sa réaction.

Un jour, notre premier bébé s'est pointé le bout du nez. Et ce jour-là, nous sommes devenus parents. Être maman ça s'apprend un peu, mais c'est comme inné. Être papa, ça s'apprend au jour le jour.

Au cours de la première année, un nouveau papa, ça ne sait pas vraiment quoi faire, surtout quand la maman allaite. Alors, tout ce que mon chum faisait c'est de me le donner en disant : « je pense qu'il a faim » ou bien « je pense qu'il t'a fait un "cadeau" ».

Je ne sais pas pourquoi, mais c'est toujours à moi qu'ils font des « cadeaux » ces enfants-là.

Ensuite, j'ai découvert en même temps que mon chum, c'était quoi être papa !

Être papa, c'est profiter des enfants quand tu en as envie, mais de les redonner à maman quand ils commencent à pleurer.

C'est de se demander pourquoi maman oublie toujours plein de choses quand lui n'a juste que ses choses à penser.

C'est de jouer aux jeux vidéo quand maman fait le souper et que les enfants pleurent en tournant autour de maman.

C'est de ne rien entendre quand les enfants pleurent la nuit. Au fait, est-ce qu'ils n'entendent vraiment rien ou ils font semblant ?

C'est de ne pas être obligé de se demander quel temps il fait dehors. Est-ce que je dois mettre une tuque ? Pas de tuque ? Celle d'hiver ou de printemps ?

De ne pas se demander qu'est-ce qu'il faut que je mette dans le sac pour la garderie déjà ?

C'est d'aller attendre dans l'auto pendant que maman court partout pour ne rien oublier.

C'est poser tous les jours la fameuse question : « qu'est-ce qu'on mange pour souper ? »

C'est de crier : « as-tu vu le ketchup ? », sans même avoir bougé quoi que ce soit dans le réfrigérateur pour essayer de le trouver.

Un papa, quand il doit être seul avec les enfants, doit absolument demander une équipe de soutien, genre sa mère, sa sœur, ses amis.

C'est de rester couché le matin quand il en a envie.

Être maman ça s'apprend un peu, mais c'est comme inné. Être papa, ça s'apprend au jour le jour.

C'est de dire : « je m'en vais faire des commissions je reviens tantôt », sans devoir prévoir des heures d'avance, sans devoir penser également à amener les enfants et des millions de trucs pour les divertir.

Être papa, c'est jouer avec les enfants, les faire rire, leur donner de l'amour.

Un chum c'est quelqu'un après qui on chiale, mais sur qui on peut toujours compter.

C'est aussi la figure d'autorité, la sécurité, l'amusement.

Un papa ça donne tout son amour, sans aucun retour et sans attente.

Même s'ils sont continuellement dans l'inconnu, un papa ferait tout pour ses enfants, parfois maladroitement, parfois différemment d'une maman, mais une chose est sûre, un enfant a besoin de son papa.

100 % des chums = Ouvrent le frigo ou l’armoire sans vraiment regarder et disent : « C’est où telle affaire ? ? ? ? » #UnClassique

LUNCH
Stefany McLean

LA FRATERIE

Une barre tendre peut devenir une arme de destruction massive pour un salon. C'est petit, c'est un granola, tu te dis que c'est inoffensif, que ça ne tache pas... Mais un enfant est capable de te scraper un salon avec une barre tendre. Tu vas retrouver des petits grains de gruau collés, encavés dans ton plancher, tes murs, ton divan... pendant des mois. Imagine avec quatre enfants.

#lafraterie

Est-ce qu'on décide toujours d'avoir des enfants? Il y en a pour qui ça se décide, il y en a pour qui ça se pointe. Nous, le premier s'est pointé, on ne l'avait pas prévu. J'étais très jeune, j'avais 22 ans. Ça a été un choc, mais on a quand même décidé de se lancer dans l'aventure. Sauf que j'ai perdu le bébé, et ça nous a démolis. Par contre, c'est aussi cet événement-là qui nous a prouvé qu'on était prêts à commencer notre famille, et on a rapidement voulu réessayer. Ensuite, le choix s'est fait un à la fois, après chaque naissance. Tout dépendant de la personnalité de l'enfant, de son énergie, on aurait pu décider de revoir nos désirs à la hausse ou à la baisse. Parce que, t'sais, les rêves, ça s'ajuste. #SurtoutPourMonChum

Décider du nombre d'enfants qu'on aura est très personnel. On ne devrait pas avoir à subir de pression sociale par rapport à ça. De même pour les femmes qui décident de ne pas en avoir. On est libre de faire ce que l'on veut. Toutes les combinaisons inimaginables de sortes de famille sont possibles et correctes. Arrêtez, svp, de demander aux femmes qui ont un enfant: « C'est pour quand le deuxième? » C'est un manque de respect envers les choix et l'intimité d'une personne.

Nous, à notre troisième, on se faisait dire:

Tu sais que tu as beaucoup d'enfants quand tu as l'habitude de prendre les présences lorsque tu fais une sortie avec eux.

Enceinte de mon quatrième, on me disait : « J'espère que ce sera pas un autre gars ! » Quoi ?????????? Je le sais que les gens ne veulent pas mal faire, mais faites attention, *please*. Sans le vouloir, certains commentaires peuvent être blessants, et même, déplacés. #OuMêmeSansJugement

De mon côté, j'aurais fait des bébés à l'infini jusqu'à ce que mon corps ne puisse plus procréer, mais pour JF, c'était autre chose. Pour lui, la famille est complète avec quatre enfants. D'ailleurs, il aurait arrêté après trois. #Honnêteté #OnT'aimeBlanche. Le quatrième n'était pas prévu ; j'avais même commencé à faire le deuil de la grossesse. Mais j'avoue que je suis comblée avec quatre. C'est un beau chiffre. Un chiffre carré, un chiffre pair. Est-ce que des fois je me demande si j'étais faite pour en avoir autant ? OUI ! Et parfois – souvent –, on se fait dire qu'on est fous : deux travailleurs autonomes, avec des horaires atypiques... Je leur réponds : « Oui, mais nous on est masochistes, c'est différent ! » ou « Nous, notre devise c'est : pourquoi faire simple quand on peut faire compliqué ? » Je ne regretterai jamais de les avoir mis au monde, je les aime, je les adore. Mais il y a des moments où je me demande : « Pourquoiiiiiiiiii ? On cherchait quoi ? » Tout est plus compliqué avec quatre enfants, et il y a des moments où je jalouse secrètement mes amies d'en avoir seulement un ou deux. Le seul fait d'aller à l'épicerie ou chez la coiffeuse peut devenir un vrai *pain in the ass*. Et le pire, c'est que je vais toujours regarder la bedaine d'une femme enceinte avec envie. #BipolaritéDeMesHormones

De plus, les enfants ont fortement réagi à l'arrivée de Blanche, la dernière. Ils trouvent ça difficile. Je passe beaucoup moins de temps de qualité avec eux, et ils manifestent leur mécontentement. Parce qu'au sein de la fratrie, il s'installe une forme de jalousie et de compétition. Il y a des colères, des chicanes. Entre mes garçons, tout est *rough*. Ils se disent qu'ils s'aiment de manière *rough*. Ils poussent, ils se chamaillent, se donnent des « bines » et des coups de poing. « Mais on joue, maman ! C'est pour rire ! » Tout est une course, une compétition, un tournoi... « Mon brocoli est plus gros que le tien ! », « Mon chandail est plus rouge que le tien ! », « Mes souliers courent plus vite que tes sandales ! », « Ma brosse à dents brosse plus vite que la tienne ! », « Il y a plus de pâte à dents sur ma brosse à dents que sur la tienne ! », « J'ai une croustille de plus dans mon bol ! », « Mon sandwich est coupé plus droit que le tien ! »... #OlympiquesDeLaFamille-Tremblay

Dans ces moments-là, je doute vraiment de moi, de ma capacité à gérer une fratrie aussi nombreuse. Pourquoi je perds le contrôle comme ça ? Mais quand ça arrive, j'essaie de me raisonner, de me dire que je ne suis pas plus ou moins bonne qu'une autre maman, que j'en ai quand même eu quatre en cinq ans, que j'ai mes limites. Ensuite, j'énumère toutes mes qualités pour me rappeler que je ne suis pas si nulle, même si j'en ai parfois l'impression. Parce qu'il y a aussi tellement de beaux moments. Quand on sort et qu'ils sont fins les quatre en même temps, ou quand les quatre enfants me collent, je me sens tellement riche. Je pourrais gagner à la loterie demain matin et ce ne serait rien comparé à ce sentiment-là. #SaufQueJ'auraisPeut-êtreUneNounou

Et en contrepartie de la chicane et des bagarres, il y a beaucoup d'amour au sein de la fratrie. Il y a de l'entraide, de la protection, de l'humour... Ils rient ensemble, ils se font des blagues, ils ont des *insides*. C'est fascinant et c'est *cool* de voir ça. Je ne pensais pas que ça se pouvait, une complicité aussi grande entre frères et sœur à un si jeune âge.

En gros, les normes sociales, on s'en fout ! La forme que prend la famille est personnelle à chacun. La famille en 2017 ce n'est plus du tout la même chose que dans le temps de nos parents. La société a beaucoup changé et les enjeux sont totalement différents de ceux des générations précédentes. La pression est énorme, et ce, à tous les niveaux. Que tu aies douze enfants ou que tu en aies un, tu as le droit d'être fatiguée et de trouver ça dur. Ta zone « j'ai besoin de café » est différente de celle de ta voisine, et c'est OK.

CEPENDANT, j'ai un petit message d'amour pour mes amies sans enfant :

Nos trucs pour passer du temps *one on one* avec les enfants

Temps *one on one* avec JF :

Il prend les enfants chacun leur tour pour aller au bureau.

Ça commence par un déjeuner au resto, ensuite ils se rendent au boulot. Mon fils sort ses crayons, il aide son papa à faire des petites choses, et quand JF doit faire des tâches plus compliquées ou qui demandent plus de concentration, il s'en va dans la salle de *meeting* où il a son bac à jouets. Quand il est au bureau de papa, il a le droit de jouer aux jeux vidéo, chose qu'on n'a pas à la maison. C'est sa journée, sa sortie avec son père et ça le rend heureux. Il se sent privilégié.

Temps *one on one* avec Marie-Ève :

Certains jours, j'en amène un à la maison des jeunes où je travaille. C'est une activité vraiment spéciale pour eux. Il y a un dojo de karaté pour les jeunes en réinsertion, et pour mes enfants, c'est magique. Il y a juste au travail de maman qu'ils peuvent avoir accès à ça.

Sinon, j'ai aussi ma petite routine :

Premièrement, je vais m'acheter un café chez Tim Hortons. D'ailleurs, je pense que mes enfants ont dit « café » avant de dire « papa » ou « maman ». Ils savent tellement ce que c'est qu'ils jouent au service à l'auto. « Allô, prendre votre commande ? »

Ensuite, pendant que je travaille sur mon blogue, je leur apporte des livres ou des cahiers d'exercices, et là ils sont contents parce qu'ils ont l'impression de faire leurs devoirs et de travailler comme maman.

Généralement, on entrecoupe la journée d'un petit brunch crêpe-bananes-chocolat.

Comme j'ai toujours besoin de bouger au moins une fois dans ma journée, je fais une activité physique avec eux. Soit une grande marche sur le bord de l'eau, du yoga dans le salon, ou je l'amène au gym avec moi.

Évidemment, une journée seul à seul avec Maman Caféine ne peut pas se terminer sans un peu de *shopping*. C'est un de mes plaisirs coupables. Et je dois avouer que mes enfants sont aussi accros que moi au magasinage. Je les gâte : des jouets (merci Dollarama), des vêtements, un livre… Des trucs pour eux.

COLLABORATRICE

Chantal Goulet

Catherine Carrier (Mom ready to go)

On pourrait me demander pourquoi j'ai décidé d'avoir une grande famille, et en toute honnêteté, je ne saurais quoi vous répondre... Ce n'est pas en me levant un beau matin que je me suis dit, tiens, nous aurons une famille nombreuse ! Ça s'est fait tout naturellement. Bien sûr, nous en avions discuté le mari et moi : nous voulions 4 enfants. C'était ça le plan, 4 ! La vie a fait en sorte que nous ne nous sommes pas arrêtés à ce chiffre. Il y a eu une circonstance durant laquelle j'ai cru être enceinte, j'ai paniqué, je ne voulais pas le dire au mari j'avais peur qu'il m'en veuille. Jamais je ne pourrais tuer un bébé, un fœtus, l'embryon ou les quelques cellules qui étaient, qui est nous deux, jamais je ne m'en serais sentie capable. Puis, je lui en ai parlé, et il m'a rassurée me disant que si c'était le cas, il aimerait ce peut-être bébé qui s'est accroché autant que les autres et ça m'a suffi. Oui ! Ça m'a suffi pour me faire des idées, l'imaginer, nous imaginer, et vouloir un cinquième bébé, un tout petit dernier bébé. Et mes règles se sont déclenchées. Tout cet espoir venait d'être flushé. Et encore une fois je m'en voulais, je m'en voulais d'avoir changé d'idée, de gâcher les plans, de ne plus me sentir bien avec notre choix de départ, et de devoir faire le deuil d'un enfant qui au fond n'avait jamais existé. Je m'en voulais de sentir encore une fois ce désir qui vient nous chercher jusque dans les tripes, le désir d'avoir un enfant, qui nous brûle l'utérus, qui nous tiraille en dedans, juste là. On s'est parlé, et comme il n'en voulait pas d'autre j'ai su que j'avais un deuil à faire. Et Surprise ! Le mari m'annonce quelques mois plus tard que finalement, il nous verrait bien avec un autre enfant, un dernier bébé.

Alors voilà, aujourd'hui j'ai 29 ans et j'ai 5 enfants.

Ça fait drôle de le dire, car je ne me serais jamais imaginée avec autant d'enfants. J'ai même l'impression de ne pas nous considérer comme une famille nombreuse. Vous pouvez rire, je trouvais que 5 c'était exagéré avant, c'est facile de juger. C'est vrai que ce n'est pas tous les jours faciles. On se fait souvent arrêter à l'épicerie par les gens, les yeux exorbités qui nous demandent s'ils sont vraiment tous à nous ? Ha oui ? Et du même père aussi ? Wow ! Bravo ! Vous êtes courageux.

Ça prend juste de l'amour, et de la patience, beaucoup beaucoup de patience, mais surtout de l'amour !

Bien sûr chacun a des besoins particuliers, chacun a sa place, chacun veut sa place. Souvent cinq enfants entre 0-8 ans c'est assez chaotique pour tout vous dire. Y'a une espèce de cacophonie quotidienne infernale qui ne s'adoucit que lorsque les 5 sombrent enfin dans le rêve. Ce qui fait en sorte que j'ai besoin de pauses dans ma journée si je veux rester saine d'esprit. Étant maman de 5 enfants on n'a pratiquement pas le choix d'être à la maison avec eux. Alors quand j'ai pris cette décision d'être maman à la maison, je me suis donnée à 100 %, j'ai troqué ma vie sociale avec des adultes contre une

Je nous imagine tous aussi plus tard avec leur chum et leur blonde, et même un jour des petits-enfants.

vie sociale avec des enfants. Et plus j'ai eu d'enfants, plus mon cercle s'est rapetissé. À 2 on en a des gardiennes dans la famille, à 5 ça se fait plutôt rare. C'est de l'ouvrage comme on dit. Je ne me souviens pas la dernière fois que j'ai eu une maison propre et le lavage à jour. Ou même la dernière fois que j'ai passé une journée sans ramasser un dégât... Je ne peux pas me choisir un meuble sans penser au fait que ça se peut, que c'est presque certain plutôt, qu'il se fera colorier dessus, égratigner ou même étamper une dent un moment donné, dans un avenir assez proche de l'achat habituellement. Je vis dans l'hypothèse qu'il peut arriver ça avec mes enfants. J'avoue que j'ai de la chance parce que j'ai toujours continué à travailler de la maison. Il me fallait ça, sans blague c'était ça ou j'y passais, j'ai besoin de me réaliser dans les autres sphères de ma vie. T'sais la vie sociale que j'ai laissé tomber quand j'ai fait le choix de... c'est ça. Nos enfants vont à la garderie à temps partiel aussi et les plus vieux à l'école. C'est comme le meilleur des deux mondes pour moi. Et même si c'est toff être maman de 5 et que parfois j'aurais rien qu'envie de tout « crisser ça là » eh bien je les aime ! ! !

Et...

Quand je les vois, les 5 assis avec nous, rire, danser, quand ils nous montrent avec fierté leurs dessins douteux, quand ils font leurs premiers pas, nous lisent une histoire, nous écrivent une carte pour la première fois... Je ne peux pas m'empêcher de verser des larmes de bonheur. Je les aime tant ! Je nous imagine tous aussi plus tard avec leur chum et leur blonde, et même un jour des petits-enfants, je ne peux pas m'empêcher de constater la richesse que j'ai, la richesse qu'on a ! Parce qu'au fond c'est ça mon bonheur, c'est eux, c'est nous ! Alors vous pouvez me demander pourquoi j'ai choisi d'avoir une famille nombreuse et je ne saurai quoi vous répondre, mis à part que l'amour ça ne se divise pas ça se multiplie.

Quand je demande à mes enfants de brosser leurs dents, de mettre leurs chaussures et de se dépêcher, pourquoi est-ce qu'ils comprennent : « Faites un peu plus le bordel dans le salon, traînez de la patte en lyrant et, surtout, renversez une boîte de cheerios » ?

LachancePhoto

LA SEXUALITÉ APRÈS UN ACCOUCHEMENT

Je me souviens qu'après deux enfants, les gens me disaient : « *Oh my god*, comment trouvez-vous le temps de vous "rapprocher" ton chum pis toi ? » Je riais intérieurement en pensant à la veille où le garage était devenu un endroit très créatif, ne servant soudainement plus seulement à entreposer un char ou des vélos. Trouver des endroits et du temps pour du sexe, c'est comme un nouveau *skill* que tu développes quand tu deviens parent.

#lasexualitéaprès unaccouchement

Un accouchement, bien que ce soit un événement naturel pour la femme, demande quand même des efforts considérables au corps avec toute la vague de changements qu'il subit. Alors, quand le docteur te donne sa bénédiction pour remettre en marche la machine à câlins « dans trois semaines », ce n'est pas une consigne coulée dans le béton. Ce n'est ni un ordre, ni une norme, ni une obligation. *First*, tout dépend du genre d'accouchement que tu as eu, car la récupération ne sera pas la même pour toutes les femmes. Deuxièmement, et par-dessus tout, c'est TA DÉCISION À TOI ET JUSTE À TOI. Même si ton conjoint ou ta conjointe se plaint, qu'il ou qu'elle a hâte, même s'il ou elle se morfond... c'est toi qui décides. C'est important que le ou la partenaire accompagne la mère vers ce retour éventuel de leur sexualité. Et, vous savez, on jase là, il n'y a pas que les relations sexuelles complètes qui comptent. Il y a plein de petits à-côtés tout aussi plaisants. Le sexe après un accouchement, ce n'est pas toujours simple. Pas aussi simple que de demander ce que tu mets dans ton café. Un enfant est sorti de ton vagin et l'a étiré au max. Ou encore est sorti par les parois de ton abdomen. Tu as peut-être eu des points de suture, au bas-ventre... et peut-être pas juste un, en plus. Peut-être que tu n'en as juste rien à faire de ta vie sexuelle pour l'instant. Tellement que ton hymen songe à se reconstruire parce que ton corps est fatigué. Alors, mettons les choses au clair : RESPECTE-TOI, fille. Tu as le droit, c'est correct. Partager son corps pendant neuf mois avec un petit être pour lui permettre d'exister, ça fait de la femme une sacrée déesse ! Une *superwoman !* Donne un *break* à ton corps, si tu en ressens le besoin. Tu dois refuser toute forme de pression malsaine et plutôt te concentrer sur toi. Ton amoureux, partenaire, mari, ta blonde, ta femme, *name it*, tu lui donneras l'attention nécessaire quand le temps sera venu et quand tu seras prête, mettons.

La transition se passe naturellement et très bien pour certaines femmes alors que d'autres devront apprendre à se redécouvrir dans leur sexualité et dans leur vie de couple de nouvelle maman. Certaines femmes ont rapidement envie de se remettre en mode séduction tandis que pour d'autres, c'est plus difficile, car elles ont de nombreuses craintes. La peur d'avoir l'intérieur du vagin démantibulé (*Please*, non les filles ! Ce n'est vraiment pas si pire !), la peur de ne plus être assez attirante, la peur de ne pas « performer », etc. C'est tellement triste. Aucune femme ne devrait avoir à vivre de si grandes angoisses face aux rapports sexuels qu'elle aura avec son ou sa partenaire après l'accouchement. À ce moment-là (et pour le temps qu'il faudra), c'est vraiment secondaire de stresser avec la façon dont tu vas *dealer* avec une partie de jambes en l'air. Oui, c'est vrai que le sexe est une dimension importante dans la vie d'un couple, mais le respect et le support de l'autre sont primordiaux.

Il se peut aussi que les hormones dans le tapis te rendent vraiment *in* et que ça te surprenne. Que pendant la grossesse, les relations sexuelles et les sensations deviennent plus intenses.

Il y a certaines femmes qui vont avoir une sexualité plus olé olé. Les hormones provoquent une envie continue de faire l'amour. Au grand plaisir de leur chum, en général.

Il est possible aussi que la libido revienne très vite après l'accouchement. Pour ces femmes, attendre trois à quatre semaines comme le recommande le médecin, c'est long. Elles ont hâte de retrouver intimement leur conjoint. Sans bébé dans le ventre. Elles ont envie de redécouvrir la sexualité avec leur chum *without* la bedaine entre les deux. Parce qu'enceinte, ça peut parfois être bizarre quand on fait l'amour.

Parfois, il y a des femmes qui se sentent mal d'avoir une forte libido après l'accouchement. Comme si, parce qu'elles sont mamans, elles ne pouvaient pas avoir d'envies sexuelles.

Mais non. Il n'y a pas de mode d'emploi, de normes ou autres sur la façon dont devrait se passer le sexe après l'accouchement. Ça se peut même que ce soit ton chum qui ait une baisse de libido parce que lui, il n'est pas habitué de ne pas dormir, et toi ça fait neuf mois qu'enceinte, tu dors mal. Tu es déjà habituée.

Plus tard, après deux ou trois enfants, ton chum et toi allez chercher des manières créatives ou artisanales de faire l'amour rapidement ou dans les endroits les moins susceptibles d'être découverts

par les enfants #Garage. Ça va peut-être même vous faire rire parce que pendant X nombres d'années, vous allez essayer de vivre votre sexualité entre deux siestes, ou le matin, vous allez alors barrer la porte de votre chambre en disant aux enfants : « Mangez ce que vous voulez dans l'armoire ! » Vous trouverez des manières de gagner du temps, parce que vous aurez envie de vous retrouver. Alors, ça s'équilibre à un moment donné. Il ne faut pas que le sexe soit calculé, qu'on se mette de la pression. Un couple, ce n'est pas basé sur la fréquence des relations sexuelles, mais plus sur la complicité, l'amour, l'écoute, le respect. La meilleure forme de respect qu'un conjoint peut avoir envers toi, c'est de t'écouter. Et toi, la meilleure façon de te respecter c'est aussi de t'écouter.

Pour plusieurs hommes, la sexualité est une façon de démontrer leur amour à leur partenaire. Si toi tu n'as pas envie de faire l'amour, ton partenaire peut sentir qu'il ne reçoit plus d'amour, alors que pour toi, ce n'est pas ça du tout. Prendre le temps de lui expliquer la situation et de le combler avec de petites attentions, ça peut le réconforter. Essaie de lui démontrer quand même ton amour, que ce soit par des paroles ou des gestes d'affection. Parce que c'est vrai qu'au début en tant que maman, on a tendance à le mettre un peu de côté et il peut se sentir délaissé.

Jessica Gallant-Corbeil

COLLABORATRICE

Je me revois quelques heures après mon premier accouchement, assise sur la toilette, à « essayer » d'aller faire pipi sans crier et je me revois également me promettre de ne plus jamais laisser rien entrer ni sortir de là.

Bon je n'ai pas tenu promesse parce que j'ai eu bébé 2, mais bon...

Après l'accouchement, du moins pour ma part, ce n'est pas l'activité physique que j'avais le plus envie de faire.

De 1, j'ai de la misère à me rappeler ma dernière douche.

De 2, je ne me sens pas du tout sexy avec ma grosse couette et mes joggings (qui couvrent ma mega serviette hygiénique).

De 3, c'est totalement une zone sinistrée.

De 4, bébé boit toujours et j'aime tellement juste le regarder.

De 5, j'ai sûrement un peu de vomi sur mon linge. (Quoique ce serait une bonne idée de l'enlever.)

Bref ! Les premières semaines, j'ai juste tellement pas ça en tête. En fait, j'y pense même pas.

Je lève mon chapeau à toi la fille dont la shape est revenue après quatre jours, dont la vie sexuelle reprend de plus belle et bébé dort toute la nuit te permettant d'avoir un teint de pêche plutôt qu'un teint... verdâtre.

Je t'envie un peu parce que moi, si j'ai une heure de libre, je m'empresse de dormir. Juste dormir et non faire l'amour. Mais tsé, ça va revenir un jour là.

Toi qui viens d'accoucher et qui te dis que plus jamais ta vie ne sera pareille comme avant, t'inquiète pas, ce ne sera pas pareil mais ça revient! Pis quand, après 6-8 semaines de saignements et d'inactivité totale au bas de la ceinture, tu décides « qu'à soir c'est le grand soir », c'est comme si c'était la première fois.

J'étais stressée. On l'a comme prévu. Un peu comme on prévoit un rendez-vous chez le dentiste.

J'étais stressée. On l'a comme prévu. Un peu comme on prévoit un rendez-vous chez le dentiste. Genre spontanéité zéro. J'avais plus ou moins envie. En fait, j'avais envie, mais j'étais pas à l'aise. J'étais pas super bien dans mon corps mou avec des nouvelles marques laissées par l'étirement extrême de ma peau.

Mon muffin top n'est pas beau à voir sous tous les angles. Je pense aussi à mon chum qui a vu ça tout détruit pendant l'accouchement.

Comment ça, il a envie de retourner là lui? J'ai aussi peur d'y splasher du lait dans un œil. En fait, je suis zéro relaxe. Zéro détendue. « Détends-toi ma belle », je me disais. Nah ça marche pas.

Mes seins sont quatre fois plus gros qu'avant, ils ne pointent plus dignement vers le ciel, non!

J'ai peur d'avoir mal. D'un coup que c'est pas correct, qu'elle m'a recousu ça croche.

N.B. Dire à une femme que son corps ne changera pas après une grossesse, c'est lui mentir.

Y a quand même un humain de presque 9 livres qui est sorti de mon vagin. Un humain misère (2 en fait). Un être vivant, c'est pas rien là. C'est un traumatisme pour cet endroit.

J'avais promis à mon corps, assise sur la toilette de l'hôpital, que plus jamais rien n'y entrerait.

Désolée !

Une fois que c'est fait, tu te dis que c'est finalement correct. C'est pas comme c'était, mais avec le temps ça ira. Tu redécouvres la sexualité.

T'es toujours pas à l'aise avec ton corps, mais si ton chum est gentil il te dira qu'il te trouve belle, peu importe. (Merci Alex <3.)

Tu vas lui dire « bla bla bla tu dis ça pour me faire plaisir », mais au fond de toi, ça te fera un petit velours quand même.

Le sexe prendra une place différente dans le quotidien. Parce que bon à midi le samedi sur la table de cuisine c'est pas possible, on oublie le projet. Ce sera moins freestyle qu'avant. Personne ne le vit pareil « le après ». Pour certains, c'est plus simple, pour d'autres c'est plus complexe.

Tu te rends compte que tout ça a bien changé quand un jour tu vois deux petits yeux qui te regardent au bout du lit ! On n'est plus seuls, on peut être « dérangés », ça se peut que t'aies un enfant à rendormir avant de terminer.

Je vais finir par vous dire de ne pas culpabiliser si l'envie prend du temps à revenir, mais gardez ça en tête :

« L'appétit vient en mangeant. »

Ton chum avait vraiment le goût ce soir... #JaiSortiUnHumainDeMesEntraillesRécemment #MeilleureChanceLaProchaineFois

Stéfany Mc Lean Photographe

BOSS MOM

Chez moi, je trouve des mottons de minou de poils qui roulent dans ma maison. Sauf que Je n'ai PAS de chat. J'ai quatre enfants par contre. Et une entreprise.

#bossmom

La *boss mom*, c'est une maman qui a du front tout le tour de la tête, qui est fonceuse, déterminée, qui va de l'avant, qui fait sauter la baraque dans son travail, en plus d'être une maman.

Une *boss mom*, c'est une maman comme les autres, pas plus *cool*, pas moins *cool*, mais qui a une réalité très différente : celle d'être entrepreneure ou à son compte tout en étant une mère. Ce n'est pas plus ou moins compliqué, c'est différent. Parce que la réalité d'une entreprise ne s'arrête jamais et ne s'arrêtera pas simplement parce qu'elle vient d'avoir un enfant. Elle n'a pas de patron qui lui donne un congé de maternité, et même si elle est capable de survivre avec la compensation d'arrêt de travail de la RQRP, en réalité, elle ne peut pas cesser totalement de travailler. La *boss mom* doit continuer de prendre soin de son premier bébé, son entreprise, pour qu'elle continue à rouler, pour ne pas perdre de clients ou le *momentum*. Elle doit donc faire tout ça en subissant les changements hormonaux, le manque de sommeil et en s'adaptant à son nouveau rôle de maman d'un petit être humain. Alors, la *boss mom*, pour moi, c'est une femme qui est inspirante par son *guts*, par son courage d'aller de l'avant, de décider d'être indépendante financièrement. Ou de brasser des affaires. #GirlPower

Plusieurs femmes deviennent aussi *boss mom* après un premier ou un deuxième enfant parce que là, depuis qu'elles sont mamans, elles n'ont pas envie de retourner travailler à l'extérieur, à leur ancien emploi. Elles se sont redécouvertes à travers la maternité et ont pris conscience qu'elles aiment être à la maison avec les enfants, et ont envie de se partir en affaires afin de conjuguer travail, revenu et enfants à la maison. Genre, elles veulent voir les minis, mais aussi se valoriser ailleurs. #OnEstPuEn1900Tranquille

D'ailleurs, il y a beaucoup d'artisanes québécoises qui font ce choix. Des vendeuses, des représentantes aussi. Parce que ça leur permet de concilier travail et famille, tout en choisissant leur horaire. #JoindreL'utileÀl'Agréable

Certaines femmes, déjà *boss mom* avant la grossesse, verront leur entreprise grossir et prendre beaucoup d'expansion après la maternité parce que ça va leur avoir donné de nouvelles idées, de nouvelles perspectives et une couleur originale à ce qu'elles faisaient déjà. Elles se découvrent une sensibilité différente et ça peut, dans certains cas, donner un élan de renouveau à leur *business*.

Personnellement, le fait d'être entrée dans le monde du blogue a fait de moi une *boss mom* contre mon gré. Je ne m'y attendais pas du tout. Depuis six ans, je travaillais, et travaille encore, comme intervenante en centre auprès de jeunes en difficulté. On les aide à se réintégrer dans la société et dans le monde de l'emploi. Je faisais un 8 à 10 heures par semaine, et ça me comblait. Mais avec Maman Caféine, ce que j'ai découvert, sans le vouloir, parce que c'est devenu avec le temps une entreprise incorporée, c'est que j'aime être une *boss mom*. Ça me convient bien. J'arrive à intégrer mes enfants dans le processus de Maman Caféine, tout en faisant mon propre horaire, mes factures, en étant ma propre patronne, finalement. Pour moi, c'est le meilleur des deux mondes. Mais je ne le savais pas avant de le vivre. J'ai découvert par hasard que ce serait une solution gagnante. Malgré tout, trouver l'équilibre n'est pas toujours facile. Je travaille plus de 50 heures par semaine sur ma page Facebook, bien que de l'extérieur ça ne paraisse pas. Ça a l'air facile, mais c'est beaucoup plus gros à gérer qu'on peut le penser.

J'ai commencé cette aventure-là naïvement, sans avoir suivi de cours, en apprenant sur le tas et surtout sans me douter que ça deviendrait aussi gros. J'ai appris sans prétention, sans penser que j'étais meilleure qu'une autre ou que j'étais une experte. J'ai fait ça pour le plaisir, avant tout. Avec mes erreurs, mes bons et mes moins bons coups, j'ai énormément appris. Je suis en constante évolution et en apprentissage continu. C'est pour ça que j'ai maintenant une équipe autour de moi. Tranquillement, je me bâtis une gang pour m'aider, pour me conseiller, pour m'épauler sur le plan professionnel à bien encadrer l'aventure de Maman Caféine, pour que ça grossisse encore et encore au fil des années. Et dans l'objectif, aussi, de toujours mieux gérer mon horaire de travail et mon horaire familial.

Parce que j'ai pris conscience, au cours de ma première année comme *boss mom*, que c'est ce que je ne faisais pas correctement. Je m'en suis rendu compte avec une claque sur la gueule et un coup de 2 par 4 au visage quand mon fils m'a dit : « Là, c'est assez Maman Caféine. Moi je veux que tu me lises mon livre comme avant. » Parce que ça faisait une semaine que je ne lui avais pas lu d'histoire avant de se coucher. J'étais trop occupée à régler des problèmes ou à répondre à des courriels et à des messages sur ma page Facebook. Et là, j'ai réalisé que NON. Ça ne fonctionnait pas. Mon garçon me rappelait que je n'étais pas assez là pour lui parce que ma business avait pris le dessus sur mon rôle de maman. Alors que techniquement, ces deux sphères devraient être séparées. Ça, c'est quelque chose que je ne veux plus laisser arriver. Ce n'est pas encore parfait, il y a des fois où je me rends compte que j'ai mis plus de temps dans mon entreprise que dans ma vie de famille, et dans ce temps-là, je me parle énormément. Je suis en voie de trouver un certain équilibre qui sera *win win* et qui va me satisfaire, mais ce n'est pas encore tout à fait à mon goût. Je pense que l'équilibre travail-famille, c'est un boulot continuel. #ÀPasDe-Bébé #LentementMaisSûrement

Une *boss mom*, ça doit apprendre à trouver le bon moment pour sa famille, pour son conjoint, pour elle et pour son entreprise. Et parfois, il n'y a pas de bons moments divisés pour chacune de ces sphères. Elle doit alors faire en sorte que son temps en général soit un tout qui respecte chaque domaine que je viens de nommer. Certaines auront vraiment besoin de diviser leur temps, alors que d'autres préféreront que ce soit un tout intégré et que tout devienne une coalition parfaite et gagnante pour tout un chacun dans leur vie. Ce qui veut dire, par exemple, que même pendant un souper en tête à tête avec son chum, elle discutera de business et des enfants afin de concilier deux sphères en une. Parce que de toute façon, juste de prendre ce moment-là intime à deux, c'est déjà beaucoup plus que ce que le couple peut souvent se permettre. #OnArrêteJamais

Par contre, certains vont avoir besoin de mettre des limites et de faire une coupure entre chaque sphère de leur vie. C'est personnel à chacun. #YaPasDeSituationParfaite #ÇaTeRegarde

La *boss mom*, sa réalité c'est qu'elle n'écoute probablement pas de séries quand les enfants sont enfin couchés, mais qu'elle règle des trucs en rapport avec son entreprise. Elle n'a pas de chèque *steady* et à montant égal toutes les deux semaines. Elle doit provoquer des occasions d'affaires.

La *boss mom* a du *guts* de se lancer dans le vide en sachant qu'elle n'aura plus de revenu fixe. Il faut avoir des couilles comme maman pour oser faire ça. #MamanAvecCouilles #DrôleD'image

Mon top 10 des *boss mom* inspirantes au Québec présentement :

1- Geneviève Everell, Sushi à la maison
2- Mahée Paiement
3- Abeille Gélinas
4- Marilou Bourdon, 3 fois par jour
5- Juliette Brun, Juliette et chocolat
6- Véronique Cloutier
7- Jacynthe René
8- Danièle Henkel
9- Patricia Paquin
10- Louise Benoit, Présidente fondatrice du salon maternité et paternité.

Mais en finissant, je veux SURTOUT lever mon verre aux *boss mom* sans entreprise autre que leur marmaille. Sache que je te respecte en joualvère, toi, la maman au foyer qui ne fait « que » ça. Car une famille à gérer, ça devrait aussi compter au registre des entreprises. #Peace #Love

Colette Provencher

COLLABORATRICE

J'ai eu le bonheur d'avoir deux magnifiques enfants... en pleine santé en plus ! Sauf le premier qui a eu une difficulté inquiétante à la naissance, mais heureusement tout est rapidement rentré dans l'ordre ! Yeah ! ! !

Au moment d'avoir mes enfants, dans les années 1990, les congés de maternité ne duraient pas une année... j'ai donc dû prévoir un retour au travail quelques mois seulement après l'accouchement... Si je me souviens bien c'était environ six mois...

Dans un premier temps, mon désir le plus profond était de rester à la maison avec les enfants. Je n'ai pas eu la chance de le faire, MAIS j'ai quand même pris la meilleure des décisions. Je le referais sans hésiter. C'est celle de changer d'emploi et d'en CHOISIR un qui me demandait moins d'heures de travail. À cette époque, le travail que je faisais me prenait plus de 50 heures de travail par semaine. Et je dois ajouter que, souvent, je ne les comptais pas, alors c'était en fait beaucoup plus d'heures.

Comme ce n'était pas idéal pour fonder une famille, je me suis mise à la recherche d'un emploi moins demandant. Eh bien, croyez-moi, ça a fonctionné !

Quand mes enfants étaient tous jeunes, je pouvais rester avec eux toute la journée. Je me préparais à la maison pour mon travail : maquillage, coiffure, habillement. Je quittais mon domicile à la dernière minute.

J'avais pris soin de préparer le repas pour les enfants lorsqu'ils faisaient leur sieste en après-midi, et le temps qu'ils aient terminé de manger, j'étais de retour pour les laver, les coucher, me réserver quelques minutes de repos et... je repartais pour finir ma journée de travail ! Ça semble essoufflant, mais, en réalité, ça ne demande que de l'organisation !

Ensuite est venue la période du primaire, où j'ai fait la même chose.

Je les accompagnais le matin à l'école, je les cueillais le midi et leur cuisinais une bonne collation pour leur retour à la maison. Donc, pas de service de garde. Je les reprenais à la sortie des classes, ils mangeaient leur collation et moi je partais pour le travail !

J'ai passé beaucoup de temps – tout le temps que j'ai voulu ou presque – avec mes enfants. Et c'est une des plus belles choses que j'ai faites ! Je reproduirais EXACTEMENT le même scénario, sans hésiter !

Aujourd'hui, j'ai deux enfants adultes qui se souviennent de cette époque ! Hummm ! Surtout des bonnes collations cuisinées ! Ils me disent encore : « On ne savait pas que tu travaillais le soir maman ! » Car je retournais travailler alors qu'ils étaient dans les bras accueillants de Morphée !

J'ai donc dû prévoir un retour au travail quelques mois seulement après l'accouchement.

Geneviève Everell

« Plus je passe de temps pour toi, plus j'y mets tout mon amour et mon énergie, plus tu grandis et je suis fière de toi. »

Geneviève Everell propriétaire de Sushis à la maison et maman de Malcolm Brown

Depuis la naissance de ce petit Malcolm, j'ai dû trouver un équilibre entre mon entreprise et l'enfant tout neuf. Et je me rends compte que cette nouvelle vie me rend tellement plus heureuse. Bon, même si le petit n'arrive pas à s'endormir pour sa sieste pendant que je vous écris. GRRRR. Je l'aime tellement quand même :P

Je l'avoue, et comme je l'ai écrit dans mon livre, jamais je n'avais envisagé de devenir maman. Peut-être que loin enfouie en moi, il y avait une petite étincelle maternelle. Seigneur que je ne me voyais pas avec un bébé ! Pour vrai, honte à moi, pitchez-moi des roches : parfois j'évitais les endroits remplis d'enfants ! OMG ! J'en reviens pas. Je n'avais pas envie d'être mère. Je voyais mes amis courir de gauche à droite derrière leur petite marmaille. OMG non, ce n'était pas pour moi ça ! À moi les bains chauds n'importe quand, le calme, le droit de ne RIEN faire ! Ça c'est la vie !

En fait, voici pourquoi je ne voulais pas d'enfant.

J'ai dû m'occuper d'une maman alcoolique, toxicomane, narcomane et dépendante, tandis que mon père alcoolique et toxicomane était absent de ma vie. En passant par la violence que mon beau-père nous faisait vivre, les séjours dans les maisons pour les femmes victimes de violence, les nombreux déménagements, les

Ton instinct est bon ! N'écoute pas les jugements, amuse-toi, tout se place et se déplace, vis ta vie et HAVE FUN !

différentes écoles, l'utilisation des banques alimentaires et paniers de Noël et plus encore. Je n'ai pas eu une enfance-adolescence comme les autres ! En 2012, mon père est entré en cure de désintoxication et l'année suivante, nous nous sommes rapprochés (on n'aura pas tout perdu). Évidemment, il y avait beaucoup d'années manquées à son compteur de papa, nous y sommes allés une année à la fois, afin de faire connaissance et de reprendre le temps perdu ! Je ne suis pas rancunière, alors ça nous a profité, puisque nous sommes à présent comme les deux doigts de la main ! Parallèlement à cette belle histoire, maman continuait de se droguer, de consommer et de littéralement passer à côté de sa vie, de ne pas voir que la vie est belle et de croire que l'enfer est sur terre.

En 2009, maman est morte d'un cancer de l'œsophage. J'avais tout juste 24 ans. Attristée par le départ de cette femme malade, mais merveilleuse qui m'a donné la vie, j'ai décidé de foncer et de réaliser mes rêves ! Cet événement nous a tellement rapprochés papa et moi, c'est fou ! J'avais à présent une nouvelle vie, sans contrainte ni angoisse. Fini l'inquiétude, la tristesse et l'impuissance.

À la mort de ma mère, j'ai eu de la peine bien sûr, mais elle était si malade que je crois qu'elle est mieux là où elle est maintenant, malgré le grand vide !

C'est à l'âge de 20 ans que ma vie a vraiment changé. Un nouvel emploi s'offrait à moi : faire des sushis dans un petit restaurant. Une révélation ! Une passion est née dès l'instant où j'ai étalé du riz sur cette feuille d'algue. J'ai commencé à faire mes premiers rouleaux. Ensuite bien évidemment les amis m'ont demandé de partager ma passion et de les gâter dans le confort de leur foyer. Voilà comment Sushi à la maison est né. Passe-temps pour commencer et maintenant superbe entreprise. Je n'aurais jamais imaginé où cette passion me mènerait quelques années plus tard. Le service est maintenant offert partout au Québec.

J'ai décidé de consacrer tout mon temps à mon bébé, cette entreprise que j'ai créée il y a quelques années, mais que je n'exploitais pas à fond ! De 2011 à 2016, j'y ai mis tout mon temps, mon amour et SURTOUT toute mon énergie. J'en ai fait des kilomètres de route dans ce beau Québec, j'en ai visité des gens, j'en ai créé des recettes et surtout créé du jamais vu. Moi, Geneviève Everell, j'ai décidé de dénaturer les sushis au Québec, oui oui j'ai osé. Je suis « bien humblement » une des premières à avoir eu cette audace et j'en suis SI fière ! Être auteure de livres de recettes créatifs sur les sushis et le tartare m'a permis de rencontrer plein de gens amoureux de la bouffe et c'est extraordinaire.

Les années ont passé et vite à part ça. En 2015, Tu as mis sur mon chemin le BON ! Lui, ce gentil garçon, David, mon bel artiste, si gentil, si doux. Et après à peine trois mois de fréquentations... SURPRISEEEE ! La technique du calendrier, c'est pas super efficace je le dis tout de suite !

Non seulement, nous ne vivions ensemble que depuis 48 h, et nous ne nous connaissions pas depuis longtemps, mais nous sommes un peu fous ! Nous avons décidé de foncer dans cette aventure FOLLEEEEE de devenir parents !

Malcolm, tu es arrivé par une belle journée d'hiver, il faisait froid et, de ma chambre des naissances, je voyais presque la maison. Notre nid était tout près et tu es arrivé ! Tout en santé, avec tes longues pattes, full de LOVE ! OK je l'avoue, les deux premiers mois ont été assez durs. Je suis passée par WOW ! tu es la plus merveilleuse chose du monde ! à appeler des amies, en leur faisant jurer de ne jamais faire de bébé ! LOL ! Une fois ces mois passés, quand tu as commencé à tenir ta tête et que mes hormones se sont replacées, j'ai réalisé l'ampleur de la chose et surtout de l'aventure merveilleuse dans laquelle on avait décidé de foncer !

Mais tu sais quoi, je vais te dire les deux choses qui m'ont le plus marquée depuis que je suis maman. 1. Être bien entourée, famille, amis, etc., c'est la chose la plus précieuse du monde. Une amie qui t'apporte des petits plats et des feuilles de chou quand ton bébé a 3 jours, c'est le rêve. Tes parents qui te cuisinent un rôti et de la sauce à spag quand tu es encore à l'hôpital, ça n'a pas de prix ! Les amis qui prennent de tes nouvelles... WOW ! Merci la chance d'avoir de l'aide de grand-maman Gigi, merci à l'infini pour ton support des premiers mois. 2. L'importance de se parler aussi en tant que couple, les nombreux ajustements, la routine. La routine qui semble interminable qui va quand même se bousculer quand tout va finalement bien aller. LOL.

AHHH j'ai tellement de choses à dire... Bref, tiens rien pour acquis, profite de tous les moments. Même s'ils semblent parfois interminables, ils passeront vite. Ne t'habitue à rien et vis les moments. Sache que tout se place, que tu vas y arriver, que tu vas finir par tout bien conjuguer. Sois ouverte, à l'écoute de ton bébé, de ton homme et de toi et QUAND tu vas te faire frapper par le LOVEEEEE, tu vas capoter ! Tu as enfin le droit d'aimer inconditionnellement un petit humain puisqu'il a poussé en toi. Tu as ce privilège, aime-le FORTTTT, car au fond c'est tout ce qui compte. Regarde-le, croque-le et n'aie pas peur de ce trop-plein d'amour pour lui ! Et toi la Mom, ne t'oublie pas : une journée au spa, la manucure, juste aller toute seule à l'épicerie ! ! ! Offre-toi-le ! et fais garder, c'est bien correct et sain de le faire !

Bref, toi la mom, que tu veuilles des bébés depuis que tu as cinq ans ou depuis que le test l'a indiqué, aime ton bébé, aime-toi, communique avec ton homme, sois ouverte. Quant à ton travail, si tu fais du 9 à 5, parfois je t'envie et si tu es entrepreneure comme moi, trouve ton équilibre, écoute-toi, écoute ton corps et ta petite voix. Ton instinct est bon ! N'écoute pas les jugements, amuse-toi, tout se place et se déplace, vis ta vie et HAVE FUN !

T'es belle, t'es bonne, t'es capable !

Dans un monde parallèle, j'arrive à l'heure à tous mes rendez-vous, avec un *brushing* parfait.

TOGETHER

L'ESTIME DE SOI ET LE BIEN-ÊTRE

Ça faisait quelques semaines que je ne feelais pas. Mes anti-dépresseurs ne fonctionnaient plus aussi efficacement et j'avais le moral au plus bas. J'étais étendue sur le divan, en pyjama dépareillé, les cheveux coiffés de manière louche et cernée jusqu'aux talons. Je regardais les photos dans mon téléphone et soudain, fiston assis à mes côtés s'est exclamé : « Maman, c'est qui la belle madame là sur la photo, avec la robe rose ? » J'ai alors compris qu'il me montrait une photo de moi, dans un état moins lamentable, avec surtout une meilleure stabilité d'humeur et de moral. En observant la photo, je me suis trouvée rayonnante et belle. Cette photo-là avait été prise dans un 5 à 7 alors que j'avais décidé de faire la mère-buissonnière et de sortir avec des amis. J'ai alors compris que c'est ce qui me manquait peut-être un peu entre autres. De penser à moi le temps d'une soirée au moins. Me mettre belle, passer mes besoins avant ceux de tous et chacun pour quelques heures. J'ai alors shooté à fiston : « Ça c'est ta trop Hot Maman ! Et demain soir, elle sera comme sur la photo parce que là, maman need it ! » Et c'est ce que j'ai fait !

#estimedesoietbien-être

Tu as le droit d'être une femme, t'sais! Oui, tu es une mère, mais entre les boires, les vomis, les changements de couche, les réveils la nuit et les rendez-vous chez le pédiatre: tu es une femme. Tu n'es pas qu'une enveloppe à bébé, une machine à lait, un taxi sur deux pattes ou une gestionnaire de crise d'ados...

C'est tout à fait normal d'octroyer à nos enfants la priorité; on les aime et on veut qu'ils soient les meilleurs êtres humains possibles. En étant mère, on a des prédispositions à s'oublier, ça fait partie de la job. Mais parallèlement à ça, il est important de ne pas mettre sur *hold* le fait d'être une femme, une personne à part entière. Tu en étais une avant d'être mère, tu l'es encore, et tu le resteras. Il faut essayer de trouver le juste milieu. #TeValoriserDansUnTruc

Pour certaines, ça se fait naturellement et graduellement, et c'est extraordinaire. Par contre, pour d'autres femmes, c'est une lutte, et c'est à elles que je souhaite m'adresser. À celles qui se perdent dans leur rôle de mère et qui deviennent malheureuses.

Être une maman saine, équilibrée, bien dans sa peau, qui a de l'énergie et de la patience avec ses enfants, ça peut aussi passer par une maman qui se retrouve comme femme. Qui se valorise par son rôle de mère, mais par autre chose aussi. C'est beau, c'est gros, c'est fantastique être parent. C'est, selon moi, le plus beau métier du monde. Mais tu n'es pas que ça. Tu es un tout. Être mère, c'est seulement une des parties qui constitue qui tu es comme personne. #TuEsUneHumaineComplète

Il est possible que ça soit long et parfois même ardu d'en arriver à retrouver un certain équilibre. Et c'est correct. Profiter du fait d'être une nouvelle maman, c'est important. Chacun traverse la vie et les événements à son rythme. Mais si un jour, tu commences à être malheureuse et que tu as l'impression de t'être complètement oubliée, que tu n'as plus de temps pour toi, arrête et réfléchis à ce que tu pourrais faire pour améliorer la situation. TROUVE QUI TU ES POUR ÊTRE BIEN! Prends les moyens pour te sentir toi à nouveau. Fais quelque chose pour te faire plaisir, je t'en supplie. Pour certaines, ce *feeling* apparaît lorsque les enfants entrent à la garderie ou à l'école. Quand on ne s'en occupe plus à longueur de journée, on en vient à se retrouver face à soi-même, et là POW! Certaines se sentent perdues. Comme si soudain, leur quotidien perdait de son sens. Pourtant, avant d'avoir des enfants, tu ne te posais pas de questions. Tu avais une vie, tu existais pour autre chose que ton mini.

Alors, si un matin, tu as le goût de te maquiller, prends un petit cinq minutes pour le faire. Tu as le droit et ne devrais pas te sentir mal. Ton enfant écoutera

Canaliser mon énergie ailleurs qu'à la maison, c'est extrêmement bénéfique. Je passe du temps avec moi et pour moi. Pour personne d'autre.

cinq minutes de plus son émission aliénante, et c'est tout. #LesDoodle-bops #Teletubbies #ToupieEtBinou #EtJ'enPasse. Si t'as vu un beau rouge à lèvres à la pharmacie, achète-le. Porte-le même si tu restes chez toi en pyjama avec les cheveux tout croches. Achète-toi un morceau de vêtement dans lequel tu vas te sentir bien. #MettonsQueC'estÇaQuiTeMotive

Ce mini moment-là que tu auras pris pour toi va fort probablement t'aider à te sentir mieux dans ta peau et à augmenter ta productivité cette journée-là. Ton enfant va remarquer que tu es bien, et ça le rendra heureux lui aussi. Si, au contraire, de te faire du bien c'est de rester en pantalon de jogging avec une toque toute croche sur la tête, c'est correct aussi. *Go for it !* Fais le choix de te prioriser des fois, même quand ça a l'air impossible.

Pour moi, ça a été le gym, l'entraînement. Pourtant, ça me paraissait impossible de rentrer ça dans mon horaire de fou : quatre enfants, l'écriture d'un livre, une web-série, mon blogue, ma job à la maison des jeunes, les heures consacrées à l'entreprise de mon chum... Alors j'ai décidé de me bloquer du temps pour moi le matin, tôt. Et ça me fait un bien fou.

C'est les ventes trottoirs au centre commercial et tes enfants sont hystériques ? : #FaisVenirLaGardienne #SePousserSeuleEnVan #PlusD'espacePourMesSacs

Quand je réussis à relever des défis (comme de faire 15 *push up*), je jubile. Je suis fière d'avoir accompli quelque chose pour Marie-Ève la femme, et non la maman. Et si un matin, je n'ai pas envie d'aller m'entraîner de 6 h 30 à 7 h 30, je reste assise pendant une heure dans ma voiture, dans le stationnement du gym, et je prends cette heure pour moi. Une heure de calme et de silence à boire mon café, devant la fenêtre où les filles se démènent sur leur vélo stationnaire. SI T'AS BESOIN D'UN MOMENT POUR TOI, *FAKE*-LE, TROUVE-LE : FAUT CE QU'IL FAUT ! Mais techniquement, tu ne devrais jamais te sentir mal de prendre du temps pour toi. Une discussion avec ton chum s'impose si tel est le cas. #MonTrucSecret

Évidemment, le bien-être ne passe pas seulement par l'apparence. Ça peut être de faire de la peinture, de la lecture, de s'inscrire à un club de cinéma, de marcher, de faire du yoga. L'important c'est de trouver quelque chose que tu n'avais jamais fait avant, ou que tu as arrêté de faire en devenant maman, et de te garder un petit moment pour l'accomplir. Si tu le décides, tu vas trouver le temps et le mettre à l'horaire. On trouve toujours un moment pour quelque chose qu'on désire vraiment. Ça doit devenir un rendez-vous obligatoire avec toi-même. #TuEsTaDate #LaMeilleureDesDates

Parfois, je fais souper les enfants plus tôt, et lorsqu'ils sont couchés, je me cuisine quelque chose de bien meilleur que leur *grilled cheese* habituel. Un petit plat *fancy* – que les enfants n'auraient pas apprécié de toute façon – en faisant ma fraîche avec un verre de vin. Ces moments-là, je pense vraiment à moi. Je retrouve Marie-Ève, la fille qui aime bien manger, la fille qui s'assume comme mère indigne, la fille qui couche ses enfants une heure trop tôt (parce qu'ils ne savent pas encore lire l'heure). Cette fille-là.

Le bien-être, ça passe par l'alimentation et la forme physique, oui, mais surtout par la tête. Alors si tu es une maman qui ne *feel* pas depuis un certain temps, qui ne sort plus, qui se sent démunie, ne reste pas seule. Écris à une amie ou appelle quelqu'un.

Oblige une de tes *chums* à te kidnapper pour un soir, le temps d'un souper. Si tu n'as pas de gardienne, amène ton bébé dans sa coquille, *that's it*.

Si tu te sens isolée, et que l'option des amis ou de la famille n'est pas envisageable, ça pourrait être très aidant de trouver des femmes qui ont vécu ou qui vivent une situation semblable à la tienne. Dans chaque ville, il y a des organismes et des ressources pour soutenir les mamans. Il y a aussi les groupes de discussions de mamans sur les réseaux sociaux qui, en général, sont très bien. #Parle #PeuImporte-TonÂge #PeuImporteD'oùTuViens

Maxime Desbiens

Josée Lavigueur

Une grossesse, c'est le moment de la vie où on est plus vivante que jamais ! Lorsque je suis tombée enceinte de ma première fille, j'avais vraiment hâte de vivre « ce grand laboratoire ! » Pour moi, la maternité était synonyme de changements marquants, autant psychologiquement que physiquement. Mmm tout à fait vrai !... J'avoue.

Mais fallait-il autant ralentir ? Fallait-il autant craindre toute forme d'exercices ? Comme tout ça m'inquiétait ! Pas question de cesser de bouger, pendant des mois, et encore moins pendant des années, en m'oubliant et en ne vivant que pour mon enfant. La réalité s'installe bien rapidement. Les grandes réflexions et les grandes motivations sont bien vite ajustées quand l'enfant se pointe et que la vie vous transforme en boule d'émotions et d'amour. Plus rien n'importe et surtout pas le petit bourrelet oublié, après le débarquement sur cette terre, de ma précieuse Sarah... À peine quelques courts mois se sont écoulés quand ma douce Léane a souhaité passer du statut d'ange à celui de « petite sœur de Sarah » C'est donc 16 mois qui séparent mes deux plus grandes réalisations sur cette planète. Eh oui, la vie change. La vie devient un tourbillon... la vie file et il faut être aux aguets. Parce qu'elle passe si rapidement, cette coquine, que placer des moments de côté est un bien grand péché !

On a donc décidé de bouger... de bouger très tôt ! Parce qu'il n'y avait pas d'autres issues si je voulais garder ma santé mentale (et celle de mon chum Norman le formidable). On a tout essayé : les poussettes à deux places, les remorques pour vélo, les porte-bébés ergo/pas ergo, les sac à dos pour explorer tous les coins du monde avec bébé. TOUT !

Ce qui a fonctionné pour nous quatre s'appelle un run about. Mais son nom n'a pas d'importance. Ce qui comptait, c'est qu'on pouvait aller partout ! Absolument partout et à toutes les vitesses désirées. Sarah derrière, Léane devant, on sortait de la maison directement du palier et en quelques minutes – bon je vous l'accorde, parfois on pouvait prendre 1 heure pour se préparer, mais c'est moins cute dans mon texte – on était dans la rue. Ce petit « véhicule » à pousser nous a tellement rendus heureux ! Tous les quatre. Et c'est ça qui est formidable.

Bouger avec les bébés, c'est synonyme de confort. Pensez-y. Que fait habituellement un enfant dans sa poussette SI ELLE EST EN MOUVEMENT ? Il s'endort ou il gazouille. Il est bien. ET vous savez quoi, il est aussi dans un processus hyper vital : son cerveau fait le lien entre le mouvement ET le bonheur ! N'est-ce pas fabuleux comme découverte ?!

La maternité, à mon avis, ne doit pas vous changer, elle ne doit pas vous transformer.

C'est lors d'une discussion avec un réputé physiologiste de l'entraînement, en congrès à San Diego, qu'on est arrivés à cette magnifique conclusion. Les bébés qui sont initiés très tôt au mouvement seront plus intéressés, plus tard, par l'activité physique grâce à cet incroyable ancrage que le cerveau a fait entre le mouvement et une merveilleuse sensation de détente, voire de plaisir !

Je me souviens très bien de ce bel après-midi d'été pendant lequel nous avions fait une pause bien méritée (pour moi en tout cas!) au Parc. AAAH les parcs ! Et tous ces enfants... tous ces parents qui discutent, qui échangent et qui comparent trop ! Ma « super poussette » (qui soit dit en passant est méga pratique mais affreuse et pas conçue pour le top confort) étant stationnée près du très achalandé banc public, une maman s'était exclamée, sans me voir : « Wow, moi, avant que j'installe mes enfants dans ce bidule ! ! ! J'peux pas croire qu'on soit si pressé de faire du jogging, au diable la priorité bébé hein ? ! » J'étais sortie du carré de sable juste à côté où une structure sans nom prenait forme de nos six mains, pour dire d'un ton calme à quel point mes filles étaient chaque fois enchantées à l'idée de sortir dans ce bidule ! Qu'elles y étaient très confortables et que ça me permettait de voir plein de monde partout partout ! Au moment même où je faisais l'éloge de ma top poussette, deux éducatrices de garderie rentraient au parc avec six enfants regroupés dans deux poussettes du même style que la mienne. On était allées à leur rencontre mes filles et moi et le party de parc qui s'ensuivit fut mémorable !

La maternité, à mon avis, ne doit pas vous changer, elle ne doit pas vous transformer. Elle vous demande de vous ajuster. Elle vous propose de trouver des solutions afin que l'équipe au grand complet soit bien... afin que toute la bande, incluant maman, ne vive que de précieux moments !

Je suis sortie au ciné
avec mes amies ce soir…
#JsuisSortieAvecMesChumsDeFilles
#OnAparléDeQuoiD'aprèsVous

Mc Lean Photographe

LES PETITS ET GROS CHANGEMENTS

Ma fille dort les yeux ouverts, alors ça fait *fucking* peur. T'sais quand tu accouches et que tu reviens de l'hôpital, les premiers temps, tu vas voir sans arrêt au-dessus du berceau pour être certaine que le bébé respire encore. Tu mets ta main, mais le souffle n'est pas assez fort, tu ne sens rien. Alors, tu approches ton cellulaire et tu le lui mets dans les yeux. S'il dort les yeux ouverts, comme ma fille, tu le *shakes* un peu, et là il se réveille ET ne se rendort plus de la nuit. Le pire, c'est que le lendemain, tu recommences.

#petitsetgroschangements

Avoir un ou des enfant(s) ça change pas le monde, sauf que... Là, on se calme le bouton panique, parce que Dieu sait qu'il y a des gens qui vont vous donner l'impression qu'être parent c'est une montagne insurmontable. Ils vont vous dire des phrases du genre:

Ma réponse à toutes ces phrases: ***Bullshit!***

Oui, mais non. Non ce ne sera pas parfait, mais ce ne sera pas si pire non plus. Si tu attends ton premier enfant en ce moment, ne te laisse pas intimider par des parents qui sont trop à boutte au moment où ils t'en parlent. T'sais, on s'entend qu'avec juste un câlin de leur petit, leur discours peut parfois changer en 30 secondes.

La vérité c'est que, oui, ta vie sera transformée, mais tu vas t'adapter, c'est une question de vision. Non, ce ne sera plus aussi propre. Oui, ton salon su'a coche va se transformer en léger repère pour petites voiturettes et peluches en tout genre. Tu trouveras des blocs lego à des endroits où tu ne pouvais même pas imaginer que ça pouvait se rendre. Un jour, tu vas peut-être même *scraper* une brassée de linge dans la laveuse en oubliant une couche dedans. Tes armoires vont maintenant abriter des assiettes de plastiques IKEA et des biberons plutôt que de la vaisselle *fancy*. Ton auto aura l'air paquetée en tout temps comme si tu déménageais. Tu vas voir traîner de toutes petites chaussures dans ton entrée, ou des démesurément grandes à l'adolescence. Mais à part ça, ta vie restera la même. Oh ! J'oubliais : tu vas peut-être avoir envie de te coucher à 19 h 30 parfois – ou à 4 h du matin quand ils commenceront à sortir dans les bars. Tu vas être semi-jalouse de tes enfants quand ils vont dormir paisiblement. En fait, le sommeil deviendra beaucoup plus précieux à tes yeux. Mais tu vas dormir à nouveau un jour, promis. Et tu sais quoi ? Même le manque de sommeil ne sera pas aussi pire qu'on veut bien te le laisser entendre. On en parle parfois à bout de nerfs, la broue dans l'toupet, mais tu vas survivre et, en prime, tu porteras un amour inconditionnel à ce ou ces enfant(s) qui sera ou seront le(s) tien(s). Et ça, c'est le plus beau sentiment de la Terre. Tu vas même parfois te surprendre à te demander ce que tu faisais avant d'avoir des enfants. Que faisais-tu de toute cette abondance de temps libre ? Mais ce ne sera pas négatif. Ce sera plutôt un constat du fait que ta nouvelle vie de parent remplit vraiment bien ton horaire. Certaines choses te manqueront, mais en général, tu sauras bien t'adapter. Je te le promets. Un jour, pas si lointain, tu te surprendras même à dire que ce n'était rien finalement, que pas tant de choses ont changé… t'imagines ?

Lorsque j'étais enceinte de mon premier, je me souviens d'avoir tellement été traumatisée que j'avais l'impression de devenir la victime dans un film d'horreur et que j'en faisais littéralement des cauchemars. Jusqu'au matin où je me suis dit : « WOW MINUTE ! Ça peut pas être si pire que ça… » Je me suis alors promis des choses pour préserver ma santé mentale.

Règles d'or de la maman qui a « la chienne » :

1. Ne deviens jamais la maman stéréotypée en pantalon de jogging et avec les cheveux en bataille.

2. Tu peux être la maman mentionnée au nº 1 quand tu veux, en fait, mais ne relègue pas aux oubliettes ton petit *kit* qui te fait donc sentir belle et femme. Tu étais une personne à part entière avant tes bébés, donne-toi le droit de l'être encore.

3. Ne t'enferme pas chez toi comme dans un bunker durant une guerre nucléaire. Sors ! Même si ce n'est pas loin et même si c'est à très petites doses.

4. Permets-toi des moments *cocooning* avec ton bébé. Parce qu'une sieste, c'est l'affaire la plus *nice* du monde, surtout avec lui.

5. Prends-la cette soirée juste pour toi, celle dont tu rêves depuis un bout. Tu seras plus zen après et tu auras eu le temps de t'ennuyer de bébé.

6. Oui, les enfants, ça devient ta priorité et ton budget passe souvent pour eux en premier, mais n'oublie pas de te gâter toi aussi. #LesSoldes

7. Oui, la routine c'est bon pour les enfants, mais quand ta routine devient des stats d'études scientifiques, c'est signe que tu ne te laisses pas assez aller. Ce soir, le bain des enfants peut attendre 15 minutes, tu es quand même une bonne mère. #SiTuSautesUnSoirAussi #LesPréadosNeSeLaveront Peut-êtrePlusDuTout

8. Des moments en couple, oui ce sera plus rare, mais vois-le comme une manière de faire aller ton imagination et ta créativité, et de plus l'apprécier quand ça arrive. #LeGarage

9. Respecte le fait que certains soirs, tu es brûlée. Tu n'as pas à t'en vouloir, car propulser un humain

hors de ton corps, c'est quand même une grosse activité. #LeGérerÀL'adolescenceAussi

10. Permets à ta maison d'être bordélique, ce n'est pas un *big deal*. C'est même une preuve tangible qu'il y a plein d'amour qui en émane.

En effet, les amis qui n'ont pas d'enfant peuvent s'éloigner tout naturellement. Peut-être pour toujours ou jusqu'à ce qu'ils aient un enfant à leur tour. Certains amis – et c'est correct, il ne faut pas leur en vouloir – ne comprendront pas ta nouvelle réalité parce qu'ils ne seront pas rendus là. Ce n'est pas parce qu'ils ne sont pas matures, parce qu'ils ne sont pas compréhensifs ou parce qu'ils ne sont pas fins. C'est souvent parce que, pour eux, c'est un changement trop gros à gérer. C'est possible que ça te fasse mal au début, mais tu vas t'y faire. #RestructurationDeChumsEnCours

Moi, j'ai des connaissances qui se sont éloignées et qui sont revenues vers moi une fois devenues parents. J'ai quelques amies, je peux les compter sur les doigts d'une main, qui sont toujours là même si elles n'ont pas d'enfant. Celles-là, je les appelle les « taties pas d'enfant ». D'ailleurs, je veux faire un gros *shout out* à l'amie sans enfant qui reste. Dans mon cas, il y a ma sœur Dorothée, ma cousine Catherine et ma meilleure amie Sonia. Elles n'ont pas d'enfant, mais elles *deal* aussi bien qu'une mère, sinon mieux, une couche pleine de marde, un vomi par terre ou une crise de bacon au magasin. Ces femmes ont autant de connaissances sur les couches lavables qu'une maman qui va accoucher de son premier enfant. Elles peuvent paqueter la voiture pour aller en vacances sans rien oublier. Quand elles sont chez toi, elles comprennent qu'entre 18 h et 20 h, c'est un *big deal* pour toi parce que c'est le temps des bains et des dodos. Elles seront patientes, elles vont t'attendre ou même t'aider. Elles changeront les couches sans même que tu aies besoin de le demander et avant même que tu sentes que ton enfant pue, parce que tu finis par ne plus le sentir. Elles sont capables de régler efficacement un conflit entre les enfants, sans prendre le rôle du parent, mais en étant assez autoritaires pour que ton enfant les écoute. Elles, elles savent c'est quoi le jouet *nice* à offrir à ton enfant à sa fête. C'est certain qu'elles ont le plus beau rôle, parce qu'elles repartent à la fin de la journée et n'ont pas à subir les nuits difficiles. Sauf qu'elles ont la générosité de t'offrir leur aide quand elles sentent que tu en as besoin. Elles vont garder les enfants pour te permettre de reprendre ton souffle. Ce sont les amies que tu veux nommer marraines de tes enfants. Parce que l'amie pas d'enfant qui reste en est une vraie. Elle va comprendre ta réalité sans te juger et en étant là, coûte que coûte, car elle ne t'aime pas juste pour toi. Elle t'aime toi et tout le *package* qui te suit. Cette amie-là va s'adapter.

Il y a aussi celles qui ont des enfants en même temps que toi, qui sont tes amies depuis longtemps, mais qui ne le seront plus. Parce que leur mode d'éducation ne fittera plus avec tes valeurs à toi ou le tien avec les leurs. Et ça, tu ne t'en serais pas doutée. C'est correct. On ne peut pas être pareils sur tous les points. Pour certains, ces divergences seront assez importantes pour briser leur amitié, et pour d'autres, non. Elles se concentreront sur leurs points communs plutôt que sur leurs différences.

D'un autre côté, pour remplacer ces amis que tu as perdus, tu vas tout naturellement créer des liens avec de nouvelles personnes qui partagent ta réalité toute neuve. Et ces nouveaux amis deviendront très précieux aussi. Ils vont comprendre ton mode de vie. Vous ne serez pas stressés ni un ni l'autre qu'il y ait des jouets qui traînent dans la maison. Vous ne vous en ferez pas si le souper est un peu brûlé ou si ça finit par : « On *call* une pizza pour les enfants ».

Y aura pas de trouble si, de notre côté, on mange super tard en se bourrant de crudités pendant des heures pour nous faire patienter jusqu'à nos sushis qu'on va savourer avec une bouteille de vin quand nos mille enfants seront couchés, chacun dans un parc ou éparpillés dans toutes les chambres possibles de la maison.

Ou encore, ils vont comprendre que le souper commencera tôt et finira tôt parce que tout le monde est brûlé. Ils vont aussi comprendre qu'on ne mange pas dans un resto 5 étoiles ce soir parce qu'il y en a un qui n'a pas trouvé de gardienne et qu'au St-Hub, il y a une salle de jeux pour les enfants. Ils vont trouver ça *nice* de t'accompagner chez Ikea un samedi après-midi parce qu'il y a une garderie où tu peux laisser tes *kids* pendant une heure. Pour eux, ça va quand même être une sortie exotique même si vous n'êtes pas en train de magasiner rue Sainte-Catherine ou Mont-Royal.

La mémoire de ton téléphone est pleine et tu dois faire des choix déchirants dans les photos que tu as en *triple* x 100 de tes enfants souriants.

Dans tous les cas, on appelle ça l'évolution. Ça fait partie du *package* d'avoir des enfants. C'est un gros changement qui, si on le désire, peut ne pas être si gros. Tout dépend de notre vision des choses et de notre capacité d'adaptation. Il ne faut pas voir ça comme un *big deal* parce que des amitiés, qu'on ait des enfants ou non, on en aura toujours un roulement, et ce, toute notre vie. Les vrais, vrais, vrais amis, ceux sur qui on peut compter en tout temps, 24 heures sur 24, qui vont être là *no matter what*, sont là pour rester, qu'il y ait des enfants ou non dans le décor.

Les statistiques disent qu'une amitié qui perdure depuis sept ans, peu importe les changements qui ont traversé votre vie au cours de ces années-là, sera souvent une amitié qui est là pour rester.

Dernièrement, j'ai fêté mes sept années d'amitié avec ma meilleure amie Sonia, elle est marraine de mon troisième garçon, et je sais qu'elle est dans ma vie pour toujours. Je n'ai aucun doute. T'sais, elle m'a aidée à décorer pour des fêtes d'enfants de manière complètement inusitée, comme si c'était un gala ou les Oscars qui se déroulaient chez moi. Sans me juger. Elle comprend que je veuille mettre autant de temps à gonfler des ballounes, et elle va même m'aider à les gonfler. Je trouve ça vraiment *nice*. Ce ne sont pas toutes les amies qui font ça. #BFF #MaBelleNouère

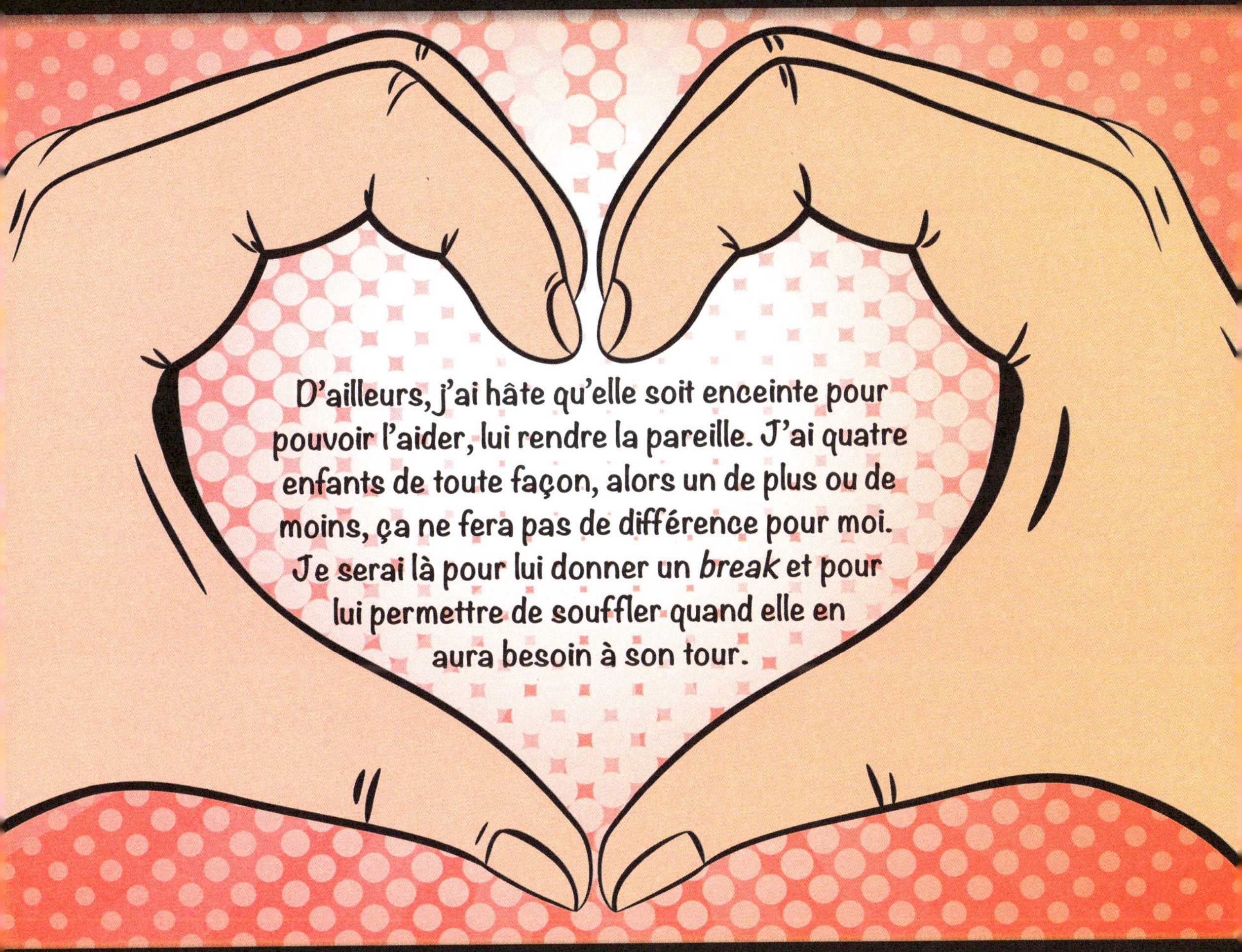

Petit « toast » à ma sœur Dorothée. Elle est la tatie *cool* qui inscrit les cocos à la danse, au karaté et à la natation. Elle les *babysitte* parfois, elle les gâte et prend constamment de leurs nouvelles. Elle en parle fièrement et est émue lors des premières fois, tels la rentrée scolaire, les premiers pas et les premières fois à vélo. C'est une amie mais aussi une jeune femme qui sera une maman fantastique. Ma sœur, je t'aime !

Marie-Christine Gaudreau

« Profites-en avant d'avoir ton bébé, tu vas voir ça change une vie ! »

Celle-là je pense qu'on l'a toutes entendue. Précieux conseil qui, au fond, ne veut pas dire grand-chose. Bon, quand on décide de concevoir un petit bébé tout rose, on s'attend évidemment à ce que tout ne soit pas complètement rose.

On s'attend à ce que notre vie change. Un peu comme l'engagement du mariage, pour le meilleur et pour le pire. Et Dieu sait que du pire, il y en a et pas à peu près ! Heureusement, le meilleur a le pouvoir de nous faire (presque) oublier le pire.

Et c'est aussi dans ces meilleurs moments qu'on décide de fabriquer un deuxième, troisième, quatrième petit humain. Il faut croire que l'Homme a des tendances un brin masochistes.

Loin de moi l'idée de vous décourager, de dépeindre la maternité comme étant quelque chose d'éreintant ou de négatif. Mais force est d'admettre que cette dernière nous met souvent au défi, nous oblige à travailler sur nous-mêmes et à évoluer en tant que personne par les changements, petits comme grands, qu'elle vient nous coller au visage.

> Heureusement, le meilleur a le pouvoir de nous faire (presque) oublier le pire.

Voici donc mon petit répertoire des changements qui pourraient vous arriver en devenant maman, ou parent tout simplement.

Le temps

Le temps, comment dire, il développera un caractère assez contradictoire. À la fois manquant, fuyant et interminable. Pas de temps pour boire son café chaud. Pas assez de temps pour accomplir toutes les tâches. Plus le luxe d'aller à la toilette seule. Voir la vie défiler trop vite. Ne plus prendre de temps pour soi. Ne pas voir le bout des crises, des protestations et des mauvais coups. Ne plus jamais être seule. Se rendre compte que les enfants ont grandi sans qu'on s'en rende compte.

Oui, être parent, c'est souvent être confronté à des paradoxes. C'est s'ennuyer de son enfant toute la journée et ensuite avoir hâte de le coucher parce qu'on n'en peut plus de ses crises de bacon de Terrible Two.

Parce que oui, ça se pourrait qu'il te fasse une crise impressionnante parce que tu lui as donné le verre à bec au lieu du verre à paille ou parce que tu as coupé sa toast en quatre plutôt qu'en deux. Il pourrait aussi lui prendre une envie de hurler sa vie parce que tu lui as refusé un biscuit, parce que c'est l'heure du bain ou juste parce que la pièce de casse-tête carrée n'entre pas dans l'espace du triangle, qu'il est fatigué et qu'il ne s'endure plus.

En fin de compte, le temps ça peut être ton allié, mais aussi ton ennemi. Ça devient un art de le manier. Il faut à la fois apprendre à être organisée pour tout caser à l'horaire et tout réaliser sans devenir folle et aussi s'autoriser à lâcher prise pour profiter pleinement de tous les petits moments qui nous sont offerts comme des cadeaux.

Le sommeil

Ça se pourrait que tu ne dormes plus, comme dans JAMAIS. Tu pourrais te transformer en pseudo zombie qui fonctionne sur le pilote automatique. Au début, ton bébé risque de ne pas faire ses nuits, de se réveiller aux 1, 2, 3 ou 4 heures. Si tu as de la chance, il va vite dormir plus longtemps. Si c'est le cas, remercie le ciel ! Parce qu'y a aussi des chances que ça n'arrive pas de sitôt ou qu'à un moment donné ton enfant décide juste qu'il ne veut plus dormir, que c'est bien trop plate et qu'il préfère te faire suer pendant trois heures à essayer de le coucher 867 fois, à faire 43 mauvais coups et, en prime, à réveiller le bébé 4 fois en passant à côté de sa chambre en criant.

Je te conseille donc de choisir tes combats. Oublie le sommeil. Mise plutôt sur la caféine, le bon vin et le chocolat. Ça aide à faire passer la pilule ! Ta santé mentale te remerciera.

L'intimité

Je préfère te le dire tout de suite, tes soirées olé, olé vont peut-être en prendre un coup. Et pour un paquet de petites raisons.

Tu vas être brûlée des fois, souvent ou tout le temps. Ta libido de feu va prendre une douche froide et ta tête aura même pas touché l'oreiller que tu vas déjà ronfler.

Un soir que tu vas te sentir wild, vous allez commencer à vous amuser sous la couette quand tout à coup tu vas sentir une petite paire d'yeux qui vous observe du coin de la porte. Ça te refroidit les ardeurs pas à peu près ça. Sinon c'est les 3-4 interruptions par le bébé qui pleure qui auront raison de toute votre bonne volonté à accomplir le devoir conjugal.

Il y a aussi ton corps un peu ramolli, déformé ou marqué d'avoir porté la vie. Malgré toute la splendeur de cette réalisation, ça se peut que tu ne sois pas si fière que ça de ces traces laissées sur ton corps. T'as le droit d'être complexée et d'avoir du mal à accepter ces changements-là. Ça se peut que ça freine tes élans dans la chambre à coucher et que tu aies besoin de temps pour retrouver ta confiance et toute ton aisance. C'est NORMAL. Laisse-toi le temps.

Même si on s'attend un peu à tous ces changements, on y est rarement préparées. Ils arrivent à nous surprendre et à nous affecter d'une manière ou d'une autre. Je viens de vous énumérer quelques généralités, mais d'une famille à l'autre, les changements ne sont pas tous les mêmes et n'ont pas tous la même ampleur.

Au fond, le plus grand changement, commun à toutes, le facteur qui nous pousse toutes à agrandir notre famille, au risque et péril de notre temps, notre sommeil ou notre intimité, c'est l'amour. Parce qu'au-delà de tous les petits tracas que nous amène la maternité, il n'y a rien comme l'amour et le bonheur que nous procurent ces petits yeux empreints d'admiration qui nous fixent, jour et nuit.

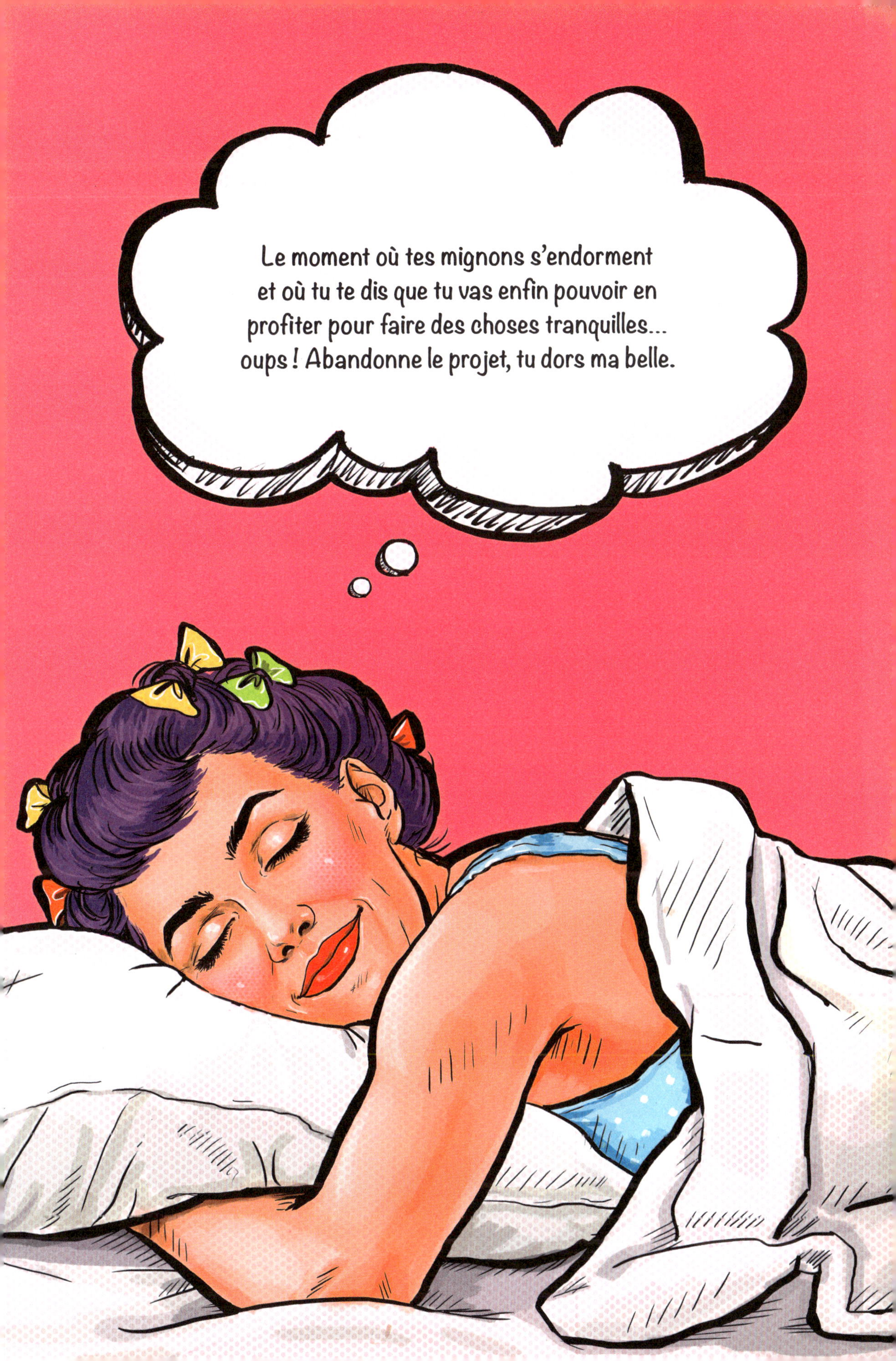
Le moment où tes mignons s'endorment et où tu te dis que tu vas enfin pouvoir en profiter pour faire des choses tranquilles... oups ! Abandonne le projet, tu dors ma belle.

Stéfany Mc Lean Photographie

TON CORPS POST-ACCOUCHEMENT

Je me souviens, les derniers jours avant d'expulser mes bébés, de ce sentiment d'écœurantite d'être enceinte. L'enflure, la fatigue, la bedaine « din jambes »... Pourtant, quel était le premier truc que je disais dans les premiers jours de vie de mes bébés ? : « Haaaa ! Misère que ma belle bedaine ronde me manque ! » Lol ! T'sais quand JF me dit que je ne sais jamais ce que je veux...

#toncorpspost-accouchement

Ton corps post-accouchement. T'sais, ton « ostifi » de corps post-accouchement... Ton enveloppe vide de bébé, mais que tu dois continuer à aimer parce que ça reste quand même ton corps. La chose que tu habites et dont tu ne peux pas te débarrasser, même si des fois, maudit que tu aimerais ça ! Mais là je t'arrête. Parce que c'est la plus belle chose du monde.

Déjà, la grossesse, surtout à la fin, ce n'est pas toujours facile. Moi, j'avais l'impression d'être le mont Everest qui se déplace dans la rue. Et je me rappelle que je me mettais beaucoup de pression. J'étais dans ma piscine, l'air d'un béluga qui flotte autour des nouilles, et je me demandais tellement à quoi ressemblerait mon corps après l'accouchement... Ma peau était tellement étirée. C'est pas un slinky® cette affaire-là ! La hantise du corps post-accouchement m'a empêchée de bien vivre ma grossesse, d'en profiter. J'avais tellement peur de l'après ! J'étais terrorisée ! Je me mettais beaucoup de pression pour arriver à rentrer dans mon linge tout de suite après l'accouchement ! Non !!!!! C'est pas grave ! Concentre-toi pas là-dessus ! Au pire, tu achèteras des vêtements une taille plus grande, et c'est tout. #ToujoursNiceDeNouveauxLooks

Bon là je le sais, vous allez me dire : « Toi, on le sait bien, tu perds vite ton poids, t'as pas de vergetures, tu es mince... » STOP !!!! Ça ne veut pas dire que quand je venais d'accoucher, je trouvais mon corps *nice* et que je me sentais bien dedans. Je n'étais pas bien avec ce que je voyais parce que c'était différent d'avant. Je ne me reconnaissais plus et j'avais l'impression que ce n'était plus mon corps. Celui que je connaissais depuis toujours. D'autant plus que j'ai souffert de troubles alimentaires avant mes grossesses. Alors, quand tu as déjà une mauvaise image de toi avant la grossesse, c'est tout un défi de tomber enceinte et d'accepter que ton corps change. Surtout que tu dois accepter que tu DOIS manger et que tu vas perdre le contrôle si cher aux anorexiques. Tu as un humain en toi, tu as une *big* responsabilité et tu es OBLIGÉE de manger. Il a fallu que j'apprenne à vivre avec ça, mais avec une thérapie, et au fil des grossesses, ça a été de mieux en mieux. Et même quand tu n'as jamais eu de problème avec ton corps, ce sont de gros changements qui se produisent, et rapidement. Ce n'est pas toujours facile. Surtout qu'après l'accouchement, tu n'as pas beaucoup de temps à te consacrer. Ça fait mal les premiers mois quand on se regarde

Une femme qui se sent bien dans sa peau est beaucoup plus sexy qu'une femme qui capote. #MêmeAffaireQuandOnVieillit

dans le miroir, c'est normal. Tu dois te laisser du temps. On dit que ça prend en moyenne un an pour que le corps s'ajuste. En même temps, essaie de te concentrer sur le nouveau statut qui vient avec ce nouveau corps. Moi, ça m'a beaucoup aidée à traverser cette tempête-là. J'essayais d'oublier que je n'étais pas à l'aise avec le corps de Marie-Ève, et d'aimer le corps de la maman que j'étais devenue. #Marie-Ève2,0

Une chose à retenir : un corps post-accouchement, ce n'est pas un corps post-vie. Ça va revenir un jour. Pas de panique ! Et il n'y a pas de *timer*. Ça arrivera quand tu seras prête et si tu le désires. Parce que t'as aussi le droit de décider que tu es à l'aise de vivre avec ce nouveau corps pour le reste de ta vie, t'sais ! Les autres, on s'en fout ! Concentre-toi sur toi et sur le fun que tu as dans la vie et avec tes enfants. C'est ton corps à toi.

Vivre avec un corps post-accouchement, et avoir des enfants qui en sont témoins, c'est aussi se préparer à se le faire dire. Mon fils m'a déjà dit : « Maman, tes fesses sont rendues tellement molles. Moi, mes fesses sont dures. » Ce n'était pas méchant. Il m'a dit ça avec son regard d'enfant qui voit tout démesurément plus gros.

C'est sûr que ça peut être blessant, mais faut pas mal le prendre. Et surtout, essayer de ne pas le montrer. Je ne voudrais surtout pas que ma fille, plus tard, se définisse par son apparence parce que je lui ai transmis mes malaises envers mon corps. Je veux lui donner l'image d'une femme qui est bien dans sa peau, peu importe la forme de son corps. Je veux que pour elle, l'image corporelle soit quelque chose de *soft*, pas quelque chose de compliqué et de souffrant. #MonGoal

J'ai toujours trouvé ça important de me laisser du temps après avoir « poppé » mes bébés. Je recommençais le gym seulement après avoir eu le OK du médecin et du physio périnéal. Je ne le faisais pas pour plaire à mon chum, à mon voisin, à ma tante Janette. Je le faisais pour moi. Moi, pis moi. Pourquoi ? Pour être plus en forme quand je vais au parc avec les enfants, pour ne plus être essoufflée après avoir monté trois marches avec la coquille quand je vais quelque part. Pour dormir d'un sommeil plus réparateur (le peu que je suis capable de dormir), pour avoir un appétit sain. Pour la santé mentale aussi. Pour m'aider à traverser le rebalancement hormonal après l'accouchement. Moi ça a été ça mon truc. J'ai une amie qui a dû consulter un psychologue pour apprendre à aimer son nouveau corps. Elle se détestait tellement, qu'elle ne voulait plus que son chum la touche et elle en voulait même à son bébé. Sa vie partait en vrille. Avec sa thérapie, elle a appris à s'aimer et à se voir d'un autre œil. Elle s'est rendu compte que son sourire était toujours aussi lumineux, que ses yeux étaient aussi pétillants, ses cheveux aussi brillants, qu'elle était aussi intelligente. Et peut-être même plus, parce que son nouveau rôle de *mom* lui avait appris plein de nouvelles choses. Elle avait développé des nouvelles habiletés. Elle a appris à se concentrer sur ce qu'elle avait gagné plutôt que sur ce qu'elle avait perdu. #AttitudeGagnante #BelleNoMatterWhat

Et la cristie de balance, jette-moi ça aux vidanges ! Ce n'est vraiment pas le moment de se faire souffrir avec ça ! À moins d'avoir des problèmes de santé graves, oublie ça. Et si ton médecin trouve que tu prends trop de poids, envoie-le promener. C'est ton corps ! Profite de ta grossesse. Ça passe tellement vite. Et après, continue avec ce *minding*-là, je t'en supplie. Même dans 10, 20 ou 30 ans.

Peu importe ton poids, ton histoire de grossesse et d'après-grossesse, il est important d'apprendre à se connaître et à aimer son corps. L'amour que tu portes à celui-ci devrait être aussi grand que celui que tu portes à ton bébé parce que c'est cette enveloppe-là qui a permis à ce petit être humain d'exister. C'est lui qui l'a fabriqué, qui l'a nourri. C'est fou le super pouvoir de ton corps quand tu y penses ! Et toi, tu es une *wonder woman* d'avoir fait ça. Alors, ton *body*, ménage-le. Donne-lui un *break*. Il vient de travailler fort à créer un miracle. Ton BFF, ce devrait être lui.

P.S. : Si tu as accouché il y a des années et que c'est encore un problème pour toi, il n'est jamais trop tard pour apprendre à t'aimer. Même que c'est un bon moment pour entreprendre de le faire. #DretteLà #OnCommenceTuSuite #OK ?

Valérie Louise Pesant

La grossesse à elle seule nous fait passer par une multitude d'émotions plus intenses les unes que les autres, mais notre corps aussi peut nous faire vivre une gamme de sensations que nous n'aurions pas imaginées avant de les avoir vécues.

La surprise : De voir à quel point un corps peut changer aussi de façon draconienne en l'espace de quelques jours. Il m'a fallu plusieurs semaines, que dis-je, plusieurs mois pour prendre 30 lb dont 9 lb 10 oz de bébé (je sais, j'ai eu un gros bébé) mais je n'ai eu besoin que de quelques jours pour revenir à une taille qu'on pourrait qualifier de normale. J'ai également été bien surprise de voir que chevilles et pieds pouvaient autant enfler en quelques jours. Ce n'est pas compliqué, mon chum m'appelait princesse Fiona parce qu'il trouvait que j'avais des chevilles d'ogresse. Princesse, ça me va bien comme nom, Fiona un peu moins.

L'euphorie : De pouvoir endormir mon bébé collé contre moi et mes poignées d'amour. Mon corps n'a peut-être plus les belles lignes abdominales qui délimitaient bien mes abdos (il est plutôt rendu avec des centaines de petites lignes qui désignent bien les limites de l'élasticité de ma peau), mais je suis persuadée que le corps d'une maman est physiologiquement transformé pour épouser parfaitement le corps de son poupon. Mon corps ne ressemblera plus jamais à celui des mannequins «photoshopées» dans les magazines, mais je me console en m'imaginant que si je n'avais pas ces quelques livres en trop, je ne serais plus aussi confortable pour ma fille et je ne vivrais plus les doux moments que me procurent ses siestes improvisées sur mon bedon.

La fierté : De pouvoir me balader avec les seins que j'ai toujours souhaité posséder. En allaitant, mes seins ont vraiment doublé de taille. Donc, quelle ne fut pas ma surprise, à la boutique de soutiens-gorge, de me faire dire que je portais désormais du 32DD. Vous avez bien lu, la petite qui portait jadis du 34B (bon, peut-être que ce n'était pas la bonne taille, on ne m'avait jamais mesuré les seins avant) était maintenant rendue à 32DD. Je ne l'ai pas cru tout de suite. Il m'a fallu essayer deux et même trois soutiens-gorge dans deux magasins différents, pour conclure que c'était vraiment rendu ma taille, et quelques secondes pour texter mon chum pour me vanter de mes nouvelles mensurations. Il ne m'a pas cru tout de suite non plus (on se demande encore si les tailles de soutiens-gorge ont changé pendant les neuf mois de ma grossesse).

Mon corps ne ressemblera plus jamais à celui des mannequins «photoshopées» dans les magazines.

Le sentiment de renouveau : En refaisant ma garde-robe, non seulement parce que mes vêtements ne me faisaient plus (longue vie au 32DD), mais aussi parce que les coupes ne me convenaient plus. J'ai dit adieu au bikini pour faire de la place au tankini, j'ai jeté mes camisoles bédaines (d'accord, ça faisait quand même un certain temps que je ne les portais plus, mais je les gardais au cas où la mode reviendrait) pour laisser place aux camisoles longues et aux tuniques. Je me sentais devenue une vraie femme, une maman, et voulais commencer à m'habiller comme tel et plus comme une éternelle adolescente (j'ai même pensé me faire couper les cheveux courts pour casser *mon image d'ado, mais sans m'y résigner, alors j'ai maintenant l'air d'une ado qui tente de passer pour une adulte, mais bon... c'est un autre sujet).*

***La colère :** De voir que les chiffres ne diminuaient pas sur la balance. J'ai toujours eu de la facilité à maintenir mon poids avant ma grossesse, mais après (on dirait que mon corps ne se souvenait plus de son poids initial et qu'il s'obstinait à rester au nouveau qui se situait à 10 lb au-dessus de l'ancien). Rien pour aider : un jour mon chum regardait un programme minceur qui promettait une perte de 10 lb en un mois. Je me suis exclamée : « Excellent, j'aurai qu'à faire le programme un mois ! » Et lui de répondre : « T'as plus que 10 lb à perdre. » Vous croyez qu'un homme sain d'esprit ne peut pas délibérément lancer cette phrase à sa femme qui vient de lui donner son premier enfant, sa progéniture, sa descendance, le plus beau bébé que la terre ait pu porter... Eh bien oui, c'est possible. Bref, tout pour vous faire détester ces 10 lb (et seulement 10) en trop.*

***Le dépassement :** Quand j'ai finalement réussi à revenir à mon poids initial. Pour celles qui veulent connaître le truc : un défi. Je ne suis pourtant pas pro défi. Vous me diriez : « t'es pas game de... » Et je vous répondrais sûrement : « T'as raison, je suis pas game. » Le défi était à long terme : 8 semaines. Avec une amie qui voulait également perdre un peu de poids, nous avions choisi une date de départ, une date de fin et devions perdre le plus grand nombre de livres pendant cette période. Ça peut paraître anodin, mais c'était la motivation dont j'avais besoin. Avoir un but, un objectif, une adversaire qui me motivait avec ses résultats personnels, ça a tout changé. J'ai appris que mon corps était capable de faire beaucoup et que sa seule limite, c'est moi : ma motivation et le temps que je veux bien lui consacrer. Quand on veut, on peut.*

Mon corps n'est plus le même, j'ai les seins plus mous, les hanches plus larges et la peau plus molle. Mais quand je vois ce qu'il peut toujours accomplir, il en vient à m'émerveiller. Et quand je regarde mes deux amours, mes deux précieux enfants si ardemment espérés, je ne peux que me dire que mon corps est vraiment la plus impressionnante machine à bébé.

«Maman, tu as de grosses fesses ! » Hum... la vérité ne sort PLUS de la bouche des enfants.

Stéfany Mc Lean Photographe

LA BELLE-FAMILLE

Je me souviens que quand j'ai commencé à sortir avec JF, sa mère l'attirait chez elle en lui disant qu'elle avait fait du ragoût de boulettes et acheté des Mae West. Résultat : On mangeait chez ses parents cinq fois par semaine.
#SansRancuneNicole

#labelle-famille

Il y a plusieurs types de belles-familles. Par exemple :

L'éloignée : Elle habite loin et c'est difficile pour tout le monde. Chaque fois que vous vous voyez, c'est des retrouvailles, et vous en profitez au max parce que vous ne vous reverrez pas de sitôt. C'est une situation difficile, car les enfants s'ennuient d'elle.

L'envahissante : Elle est toujours là, chaque soir, chaque matin, tout le temps. Elle appelle, elle écrit, elle débarque manger chez vous... Vous devez vous voir dix fois par semaine, sinon vous ne vous êtes pas vus ! ! ! ! !

L'absente : Elle ne prend jamais de nouvelles, n'est jamais disponible, toujours occupée. Elle a sa vie et tu n'en fais pas vraiment partie.

La critiqueuse : Elle ne comprend pas ton mode d'éducation et veut t'imposer le sien.

Évidemment, il y a des belles-familles très fonctionnelles et où tout va bien. Mais des histoires d'horreur, on en entend malheureusement trop souvent. Parfois, tout – ou presque – est sujet à bisbille : le baptême (ou non), l'éducation genrée (ou non), les sports, les activités, l'allaitement et les biberons, le portage... Il y a un *clash* de génération, d'éducation et de valeurs qui est difficile à gérer. Mais en même temps, tu découvres à travers les générations des choses qui se ressemblent, et ça, c'est beau. Il est préférable de se concentrer là-dessus si tu veux survivre. #FocusSurLeBeau

Avec la belle-famille, les mots d'ordre sont « lâcher prise » quand c'est négatif et « accueillir » quand c'est positif. Des fois – souvent – la belle-famille est douce et réconfortante. Elle agira même comme un baume dans certaines situations. Une belle-famille qui t'aide, qui n'hésite jamais quand tu as besoin d'elle, ça n'a pas de prix. Et il est important de ne jamais perdre de vue que, même lorsque c'est maladroit, les intentions partent presque toujours d'un bon fond. Parce que l'amour est présent, et c'est ce qui compte au fond. En étant conscient de tout ça, on apprend à faire attention à elle et à ne pas la brusquer. Elle est là. Et si tu veux poursuivre ta vie avec ton conjoint, elle restera. Alors, accueille-la dans ton cœur ; ta vie sera plus douce et tes enfants plus heureux.

D'un autre côté, tu as, toi aussi, le droit d'établir des limites et des règles, de communiquer des besoins et des désirs clairs. La fameuse phrase : « Nous, on est les grands-parents, notre job c'est de les gâter ! » Oui... mais non ! Pas si, après leur départ, je dois en gérer les conséquences négatives. Tout est une question de gros bon sens. #T'sais

Si la bisbille est inévitable, essayez de la limiter. Et surtout, gardez-la entre adultes. Évitez de transmettre cette tension à vos enfants. Parce que ta belle-famille devient TA famille dès le moment où tu as des enfants : elle a un lien familial direct avec eux. Le lien avec toi devient donc plus fort et surtout permanent. Les enfants s'attachent beaucoup à leurs grands-parents et quand on peut faire en sorte que l'ambiance soit saine et agréable pour tout le monde, c'est l'idéal. Même si toi tu es en froid avec eux, ils demeureront toujours les grands-parents de tes enfants. Ce qu'ils peuvent leur apporter est précieux et c'est important de le chérir. La famille c'est précieux, et les grands-parents qui ont une bonne relation avec leurs petits-enfants, c'est magique ; une richesse incroyable. #MamieEtPapieForever

Il ne faut pas oublier qu'un jour ce seront tes enfants qui auront des conjoints, et que ce ne seront pas nécessairement ceux que tu aurais choisis, mais l'important ce n'est pas ton idéal, mais bien leur idéal à eux. Alors, il est possible que tes beaux-parents gèrent difficilement le choix de leur enfant, ou qu'ils se sentent perdus maintenant que leur enfant vole de ses propres ailes et a sa propre famille. Eux aussi ont un *background*, un vécu, des blessures, des traumatismes… Moi, par exemple, avec le temps, j'ai appris à mieux connaître ma belle-mère intimement et je la comprends maintenant beaucoup mieux. Je suis plus tolérante. À un tel point que maintenant, je prends sa défense et je la protège. Quand elle téléphone, j'oblige JF à répondre. Parce que je sais que si ça faisait dix fois que j'essayais d'appeler mon fils et qu'il ne répondait pas, je serais hors de moi. Réponds à ton parent quand il t'appelle ! Je me surprends même à me voir en elle plus tard. Je suis capable de me mettre dans sa peau. J'imagine qu'un jour, mes fils vont avoir une blonde ou un chum et, même si je serai heureuse pour eux, ça risque d'être dur. Parce que je ne serai plus la seule femme dans leur vie.

La belle-famille, c'est précieux, c'est de l'amour et de l'aide inestimable. Ce sont des beaux souvenirs. Ils font et feront partie de l'histoire de ta famille. #Chéris-la

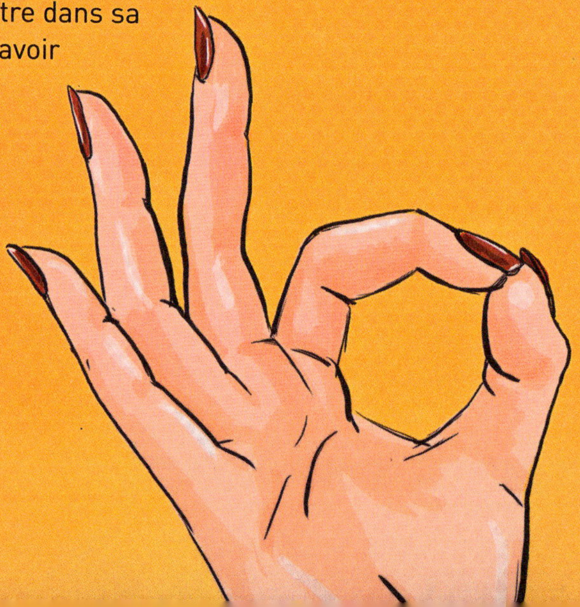

Lydia Alder

Par où commencer ? Nous pourrions en dire long sur notre belle-famille. Mais force est d'admettre que si on a marié le fils de la belle-mère, c'est qu'elle a réussi l'éducation de ses enfants.

Ma belle-famille est française et habite en France. Nous avons donc un écart générationnel et culturel. Parfois c'est drôle. D'autres fois un peu moins.

La première fois que je les ai rencontrés, nous arrivions, mon Roméo et moi, en France pour s'y installer. Nous avons passé 2 semaines chez ses parents avant de partir pour Paris pour des entrevues. Ils m'ont accueillie à bras ouverts. Avant notre départ pour Paris, ma belle-mère m'a demandé si j'allais faire la valise de son fils. Sans même réfléchir, mais tout de même un peu surprise, la féministe en moi lui a répondu du tac au tac : « Sûrement pas ! Car si je la fais aujourd'hui, je devrai la faire pour le reste de mes jours ! » Malaise.

Cet épisode laissait présager nos différences. Moi, la belle-fille nord-américaine, indépendante et fière de l'être, un tantinet trop affranchie. Elle, la belle-mère française, attentionnée, un tantinet trop protectrice. Entre nous, son fils, mon Roméo.

Ma belle-famille est une famille unie et aimante. Très aimante. Très unie. J'ai aussi des parents aimants et attentionnés, mais qui ne se mêlent pas de ma vie. En fait, si je leur demande conseil, ils me répondent que je suis une grande fille et que de toute façon je ferai à ma tête. C'est vrai que je suis partie étudier et vivre loin de la maison, sans leur demander leur avis, de la Californie aux Caraïbes, pour ensuite m'installer à Miami puis en France, avant de revenir au Québec 15 ans plus tard. Alors qu'ils auraient probablement bien aimé que je travaille dans l'entreprise familiale. Donc, vous comprendrez que des conseils, même sollicités, je n'en reçois pas beaucoup.

> Je trouve que c'est une richesse pour mes enfants que de passer du temps avec mes beaux-parents, ces encyclopédies ambulantes.

Notre première fille est née. À Paris. Puis la deuxième à Montréal. On n'élève pas les enfants tout à fait de la même façon en France qu'au Québec. Les prénoms ne sont pas les mêmes non plus. On me l'a bien expliqué. Maddison? Trop série américaine. Samuel? Je ne suis pas juive. Maude? Sans le e. Ah bon? Évidemment, impossible de convaincre l'Amoureux d'opter pour l'un de ces prénoms. De mon côté, je refuse catégoriquement tous les prénoms royaux qu'on me propose. Un tableau Excel plus tard et beaucoup de patience, ce sera finalement Anaëlle et Charlotte. Elles portent les deux noms de famille, car en France, les femmes prennent le nom du mari… et imaginez que mes enfants et moi ayons un nom de famille différent. Qu'est-ce que les gens diront? Du coup, mes filles ont les deux noms de famille. L'honneur est sauf. Mais ça faisait long à écrire à la maternelle. Et parfois, il manque des cases dans les formulaires administratifs pour toutes ces lettres.

Ma belle-famille adore mes filles. Plus que tout. Vraiment. Ils viennent passer un ou deux mois au Québec chaque année. Je leur trouve une sous-location à distance de marche de la maison (merci mes voisines WIM). Je trouve que c'est une richesse pour mes enfants que de passer du temps avec mes beaux-parents, ces encyclopédies ambulantes. De Napoléon aux Égyptiens, mes filles ont une culture générale qui m'échappe. Ma belle-famille a beaucoup de patience pour apprendre toutes sortes de choses scientifiques et culturelles à mes filles. J'en ai plus pour les sports.

J'avoue que certains jours, lorsque je reçois des conseils non sollicités (que je prends comme un reproche, même si ce n'est pas le cas), j'ai envie de leur dire : « Hey Oh, j'en ai un gamin à vous ici et ce n'est pas tous les jours rigolo ! »

Je ne leur ai encore jamais dit. Par contre je l'ai dit à mon homme, qui lui ne me trouve pas drôle du tout pour le coup. En fait, avec cette phrase j'ai trouvé le meilleur moyen de lui faire prendre le bord de ses parents.

Parce que c'est souvent ça le problème. On trouve que notre homme ne prend pas notre bord. Mais en fait, il n'y a pas de bord à prendre. Ce n'est pas une compétition. On n'a tout simplement pas toujours la même façon de voir les choses, à tort ou à raison. Il suffit d'en parler calmement et aussi de lâcher prise un peu. Parfois on est trop dedans pour le réaliser.

Ce lâcher-prise devient tellement plus facile quand les enfants grandissent. En fait, maintenant que mes filles sont plus grandes, j'ai vraiment lâché prise. Tout le monde s'en porte mieux. Des coquillettes au beurre et des crêpes Nutella, allez-y, faites-vous plaisir... moi je vais au sushi avec les copines ! Vous savez quoi ? J'aurais pu lâcher prise plus tôt. Facile à dire avec du recul.

Cet été les enfants et l'Amoureux sont partis seuls en France pour deux semaines visiter la belle-famille. Je crois que tout le monde était ravi. J'étais en vacances chez moi. J'ai passé du temps avec mes copines. J'ai pris du temps pour moi. Et j'ai travaillé sans contrainte. Mes enfants se sont fait gâter. Mon chéri et ses parents se sont retrouvés. À leur retour, nous étions contents de nous voir et il y avait zéro tension. Juste un bras cassé (un accident dans des jeux gonflables pendant les vacances, rien à voir avec la belle-famille).

La belle-famille
c'est comme un sac à surprise,
c'est pas toi qui choisis ce qui a
dedans mais ça peut être bin beau,
comme bin déconcertant !
#MaisElleFaitPartieDeTaVie

Stéfany Mc Lean Photographe

LA DÉPRESSION POST-PARTUM VS *BABY BLUES*

Je me souviens d'avoir braillé 23 heures sur 24 après la naissance de mon premier fils. Même en écoutant *les Anges de la rénovation* pis la *Poule aux œufs d'or*. Heureusement, ça a passé.

#BabyBlues

#Hormones

#ladépressionpost-partumVS*Babyblues*

C'est lors du troisième mois de ma première grossesse que ma médecin m'a prescrit des antidépresseurs. Porter un bébé et devoir prendre des médicaments pour une dépression en même temps, pour moi, ça signifiait un gros échec. Sauf que je pleurais ma vie depuis environ deux mois et ce n'était pas juste les hormones, je le sentais. Quelque chose à l'intérieur de moi n'allait vraiment pas. J'angoissais la nuit, je faisais des crises de panique, j'oubliais de manger. C'est comme si chaque minute, je craignais le pire. J'en étais rendue à un point où je devais absolument en parler à un professionnel, même si j'avais honte. La plus grande honte de ma vie en fait.

À ce moment-là, je ne me rendais pas compte que le geste que j'étais en train de faire, que d'accepter de l'aide, ferait de moi une meilleure maman. Je voyais seulement mes faiblesses. Pourtant, ça m'en a pris beaucoup de courage pour aller consulter.

Je me suis donc retrouvée dans le bureau du médecin, en pleurs et le moral à terre. Je lui ai balbutié, en sanglotant :

Chaque soir tu trouves que c'est le chaos ? : #MaVieMyLife

Après m'avoir patiemment écoutée me dénigrer pendant un certain temps, ma doc m'a appris que beaucoup de femmes vivaient une dépression, et ce, même enceinte. J'étais loin d'être la première qu'elle rencontrait. #Soulagement

Cependant, dans mon cas, c'était assez sérieux et je devais être traitée en urgence en combinant la médication et une thérapie. Ayant été abusée sexuellement pendant quelques années durant mon enfance, le fait d'attendre un enfant me faisait revivre des événements douloureux du passé. Chaque journée qui passait était pire que la précédente ; les *flash-backs* et les angoisses devenaient un vrai calvaire. J'avais peur pour mon coco à venir. Peur de ne pas pouvoir le protéger suffisamment et qu'il devienne un jour, à son tour, la cible d'un monstre. J'avais peur de tout. #AnticiperToujoursLePire

J'ai commencé mon traitement, et j'ai suivi une thérapie qui m'a grandement aidée. Je ne regrette pas une seconde de l'avoir entreprise. Accepter de recevoir de l'aide, c'est se faire un gros cadeau. C'est de tout faire pour améliorer sa qualité de vie et pour acquérir les bons outils pour devenir plus solide dans son rôle de maman. Il n'est jamais trop tard pour entreprendre une thérapie. C'est une décision très personnelle à chacun. #IlnYaAucuneHonteD'ailleurs

Il y a aussi une différence importante à faire entre la dépression post-partum et le *baby blues.*

Il n'est pas nécessaire, comme moi, d'avoir vécu de gros traumatismes pour recevoir un diagnostic de dépression. La dépression post-partum peut être causée par un débalancement hormonal et par les énormes changements de vie que provoque l'arrivée du bébé. Des changements qui font qu'on peut se sentir dépassée et s'oublier.

Il y a aussi une différence importante à faire entre la dépression post-partum et le *baby blues*.

Après mon troisième enfant, je n'allais pas bien du tout. Lorsqu'on vit une fin de grossesse stressante et épuisante avec en prime de gros chamboulements dans sa vie, il est fort possible que les jours qui suivront la venue de bébé soient «*rough* sur le système». Ça a été mon cas. J'ai repris du mieux environ trois semaines après l'accouchement. C'était un *baby blues*. Dans le cas du *baby blues*, on parle d'un état de déprime ou d'hypersensibilité qui perdure de quelques heures à quelques semaines seulement. Si tu «*rush* ta vie» pendant plus d'un mois et demi, que ton état empire, que tes maux se multiplient, il est probablement important que tu consultes. La dépression post-partum ne se guérit pas d'un coup de baguette magique et ce n'est ni honteux ni de ta faute. Ton corps a fabriqué un humain, tu l'as mis au monde, tu apprends à t'adapter à plein de choses nouvelles qui arrivent d'un seul coup dans ta vie, LAISSE-TOI UNE CHANCE! Si tu as des prédispositions à la dépression ou que tu n'étais déjà pas super bien avant ta grossesse, il est possible que ça perdure après l'accouchement et ne t'en veux surtout pas. Essaie juste d'accepter tes limites et de voir les possibilités qui s'offrent à toi de reprendre le contrôle de la situation. Et surtout, ne reste pas seule avec ta détresse. Choisis une personne dans ton entourage en qui tu as confiance, qui te respectera, t'écoutera et t'accompagnera dans cette épreuve. Parce que t'sais, ça fait toujours du bien d'avoir quelqu'un sur qui on peut compter, quelqu'un avec qui jaser quand on ne voit pas le bout du tunnel. #ÇaVaAller #UnJourÀLaFois

Après la naissance de Balzac, je me suis sentie démunie et dépassée. Ça n'allait pas. J'ai donc demandé de l'aide et j'ai bénéficié des services de l'organisme communautaire Les Relevailles qui vient en aide depuis 30 ans aux nouvelles familles et tout spécialement aux mères qui traversent une dépression post-partum ou un important *baby blues*. Voici quelques liens vers de l'aide qui pourraient t'être d'un précieux secours en cas de besoin.

LachancePhoto

Les Relevailles
Montréal
relevailles.com

Québec
www.relevaillesquebec.com

Association canadienne pour la santé mentale – La dépression post-partum
www.cmha.ca

Réseau des centres de ressources périnatales au Québec
www.reseaudescrp.org

COLLABORATRICE

Érika Huot Villeneuve

Tout le monde sait bien que devenir parent, ça change une vie. En théorie. En pratique, on a beau dire qu'on est prêt… C'est impossible. Comment peut-on se prétendre prêt à quelque chose qu'on ne connaît pas ?

Il y a autant de causes à un baby blues qu'il y a de parents. Pour certains, c'est le coup de foudre qui n'arrive pas, pour d'autres, c'est l'épuisement physique et le manque de sommeil. Pour moi, c'était le poids des responsabilités et le deuil de mon temps pour moi, de ma vie de jeune adulte sans obligations. Quand mon fils est arrivé, j'ai compris à quel point j'étais bien avant, seule avec mon chum et mon chien :

« Chéri, j'ai le goût d'un resto ce soir. Pourquoi pas un cinéma après ? »

« Habille-toi, prends tes clés, on part ! »

Plus possible. Mon indépendance me manquait. J'avais perdu le contrôle. De tout. De mon sommeil, de mon horaire, de mes émotions, de mon corps qui ne m'appartenait plus. Je m'ennuyais du temps où j'étais une simple petite gardienne avertie… Quelques heures et hop ! de retour chez moi à faire ce que je voulais. En

En pratique, on a beau dire qu'on est prêt… C'est impossible. Comment peut-on se prétendre prêt à quelque chose qu'on ne connaît pas ?

plus j'étais payée 4 $ de l'heure pour m'occuper d'un enfant, t'sais ! Je ne pouvais plus choisir quand je voulais être maman, c'était devenu un boulot à temps plein. C'est difficile d'accepter que nous ne vivons plus que pour nous-mêmes. Bien sûr que je savais qu'il en serait ainsi, mais il y a une très grande différence entre savoir et comprendre.

À vrai dire, j'avais l'impression de ne pas avoir su apprécier la solitude à sa juste valeur. D'avoir signé un contrat dont je n'avais pas lu toutes les clauses, ou d'avoir acheté la maison parfaite en apparence… mais dont toutes les poutres étaient précaires.

Chez nous, ces jours plutôt sombres se sont traversés à deux. J'ai un souvenir très précis d'une promenade que nous avons faite, un jour ou deux après notre retour à la maison. J'ai timidement demandé à mon chum s'il lui arrivait, à lui aussi, de se demander à quoi on avait bien pu penser en ayant un enfant. J'avais tellement honte de me poser cette question odieuse. Il m'a dit oui… Ça m'a rassurée autant que ça m'a brisé le cœur. Ce bébé était tellement désiré, et je connaissais plusieurs femmes qui avaient du mal à devenir enceintes. Alors comment osions-nous regretter notre choix ? Et ce petit garçon qui n'avait pas demandé à venir au monde, notre propre fils, comment pouvions-nous souhaiter qu'il ne soit jamais arrivé ? Nous l'aimions profondément tous les deux, sans aucun doute, mais on n'en voulait plus. C'est épouvantable à dire, mais c'est encore plus terrible à ressentir. Les regrets et la honte ne font pas bon ménage.

Mauvais départ…

Mon conjoint aussi a eu du mal à apprivoiser son nouveau rôle, et surtout ses sentiments. Avant de devenir papa, c'était un homme de peu de mots qui était toujours maître de ses émotions.

Or plus le grand jour approchait, plus il faiblissait. La première nuit à l'hôpital après la naissance de notre fils, je l'ai passée seule. Je pourrais vous dire que j'en ai profité pour savourer pleinement mes premiers moments avec mon fils, mais ce serait vous mentir. J'aurais aimé que ces premières heures se passent autrement, mais papa ne se sentait vraiment pas bien et il était descendu quatre étages plus bas à l'urgence parce qu'il avait des douleurs au cœur et des palpitations. Il est remonté au petit matin avec un diagnostic d'angoisse comme on traîne un boulet à ses chevilles. Son cerveau n'arrivait pas à gérer ces décharges soudaines d'émotions. Trop de stress, trop d'amour.

C'est fou devenir parent, parce que les deux sentiments qui nous envahissent au même moment sont profondément opposés : une peur incomparable et un amour foudroyant. Quand on aime autant, on est tellement vulnérable...

Un jour pas si lointain

Un soir, après quelques heures particulièrement éprouvantes, notre fils a fini par s'endormir dans sa balançoire. Nous étions assis devant lui à le contempler en pleurant et à nous demander, encore une fois, comment nous allions faire pour survivre. Mon conjoint a attrapé son téléphone cellulaire et il a pris un selfie de nous, amochés à souhait. Quand je lui ai demandé pourquoi, il m'a dit qu'un jour, nous allions bien finir par en rire. Ce jour est arrivé. Il n'était pas si loin, même.

Vous savez, on s'habitue à tout dans la vie. Les premiers jours avec un nouveau-né sont les pires ; ils ne sont pas représentatifs de ce que sera votre vie dorénavant. Peu à peu, ça devient plus facile. Il n'y a rien comme un sourire de bébé le matin ou une petite main qui s'agrippe à vous de toutes ses forces. Le bonheur au quotidien est tellement plus grand et significatif que le choc des premiers jours !

Aujourd'hui, nous nous sommes pardonné nos doutes et nos regrets du début. C'était juste humain d'avoir peur devant tellement de changements. Maintenant, nous voyons plutôt chaque jour comme un apprentissage. Il grandit tellement vite qu'on doit réapprendre la vie de famille chaque semaine, chaque jour, d'heure en heure… et c'est tellement palpitant ! Je ne vous dis pas que c'est facile tous les jours, loin de là, mais c'est assurément la plus belle aventure qui soit.

L'important, c'est de ne pas vous oublier. L'équilibre, c'est la clé. Je fais mon gros possible pour rester l'amie, la blonde, la sœur, la tante que j'étais ! Je refuse de m'abandonner totalement. J'ai besoin de savoir que je ne suis pas seulement une mère et que j'ai le droit, moi aussi, de prendre du temps pour faire ce qui me plaît avec les gens que j'aime. Ça me permet d'aller de l'avant, d'être heureuse et de prendre soin de notre fils comme il le mérite.

Les enfants ont besoin de parents heureux avant tout !

Stéfany Mc Lean Photographe

Stéfany Mc Lean Photographe

Quand mes fils me demandent d'embarquer dans leurs jeux, est-ce normal que je me sente prise en otage ?

Stéfany Mc Lean Photographe

LE TYPE DE FAMILLES

Mon fils a déjà dit : « Maman, c'est *cool* pour mon ami à l'école, il a deux papas. Il fait sûrement plus de jeux de lutte, mais les bisous qu'il reçoit doivent toujours picoter à cause de leur barbe. »

#letypedefamilles

Quand tu rêves d'avoir des enfants, tu espères que dans le meilleur des mondes, comme dans un conte de fées, ce soit avec l'homme ou la femme de ta vie, et que tu passeras toute ton existence avec lui ou avec elle : « Ils vécurent heureux et eurent beaucoup d'enfants. » Mais, la vie n'est pas un conte de fées, et il arrive que les couples ne fonctionnent plus et se séparent pour de multiples raisons.

Il y a donc, de nos jours, toutes sortes de types de familles :

1- La famille nucléaire (deux parents + enfants)

2- La famille séparée (maman et papa chef de famille monoparentale lorsqu'ils sont avec l'enfant)

3- La famille recomposée (les deux familles des nouveaux partenaires réunies)

4- La famille homoparentale (deux papas ou deux mamans)

5- La famille d'accueil

6- Etc.

On est ailleurs, et les sortes de familles sont infinies. #MaintenantOnALeDroitDeDivorcer #FiniLesVieillesMoeurs

Bref, il y a plusieurs types de familles, et je pense que dans chacune d'elles se retrouve – en général – un noyau fort et aimant.

Elles sont aussi bonnes et équilibrées les unes que les autres et, heureusement, en 2017, on tend vers la normalisation de tous les types de familles. T'sais, on va se le dire : quand on parle de type familial, ce n'est plus comme dans nos cours d'économie familiale de IVe secondaire, en 1992.

Un couple séparé peut très bien avoir une famille ultra équilibrée parce qu'il a bien réussi sa séparation, et que c'est aussi fort et important que de bien réussir son couple. C'est un art. Tant que tout est pensé pour le bien de l'enfant, c'est correct. Je pense que quand un couple qui n'est plus bien ensemble décide de se séparer dans l'amitié et le respect, c'est non seulement une réussite, mais c'est de s'estimer comme personne. Au bout du compte, un enfant est beaucoup plus épanoui avec deux parents séparés heureux qu'avec deux parents ensemble, mais malheureux. Il est de loin préférable que le mini évolue dans un milieu de vie plus sain. Un couple qui se chicane tout le temps et où il y a de l'animosité, c'est nuisible pour lui.

Peut-être que ton ex, c'était ton amour de jeunesse à 14 ans rencontré dans un party chips-pepsi chez Natacha au coin de la rue, un soir. Que vous avez été 15 ans ensemble, que ça a été ton seul chum, que vous avez trois enfants et que vous vous êtes finalement rendu compte que vous n'aviez rien vécu à part « le couple ». Que, finalement, dans la vie, les chapitres que vous aviez à écrire ensemble ont été rédigés et que vous êtes rendus ailleurs, chacun de votre côté. Vous avez quand même bâti quelque chose de précieux qui a perduré dans le temps et qui était beau. Des fois, on fait juste tourner la page, c'est correct. Il ne faut juste jamais oublier que celui qui devient ton ex, tu l'as déjà aimé. « Tu as assez aimé Bibi à un certain moment pour avoir un enfant avec lui ou elle. » #SoyezDoncSmart #MêmeQuandC'estTough

Peut-être aussi que ton ex, c'est quelqu'un que tu as rencontré par hasard, que ça a été un méga coup de foudre parce que votre regard s'est croisé et que vous vous êtes regardés dans les yeux en buvant une bière sur une terrasse et en mangeant des nachos, un soir de canicule. Vous avez fait un bébé rapidement, mais votre couple s'est aussi consumé rapidement, et là, ça se peut que vous soyez déjà ailleurs. Il n'y a pas de bonnes ou de mauvaises raisons qui font qu'un couple se sépare. Mais ça donne lieu à des défis familiaux différents.

Dans le cas des familles recomposées, par exemple, les enfants devront s'adapter à un nouveau conjoint, à de nouveaux frères et sœurs.

Dans la famille séparée, l'enfant vivra une réalité complètement différente : la maman ou le papa est seul(e) pour tout gérer, et ça peut parfois entraîner des difficultés financières, un manque de patience, plus de fatigue et une charge mentale beaucoup plus grande.

Même dans le modèle nucléaire, il y a différents types familiaux et divers degrés de défis. Par exemple, au sein des familles bigénérationnelles, multiculturelles, multireligieuses, etc. Il y a aussi les familles solo parentales. Je considère que j'appartiens à cette catégorie-là. C'est assez spécial comme type de milieu. On voit ça souvent dans les familles où un des deux conjoints a un métier non conventionnel ou très prenant. Par exemple, les entrepreneurs, les militaires, les hommes ou les femmes qui doivent beaucoup voyager pour leurs affaires... même les médecins, parce qu'ils ont des horaires atypiques et font de très longues journées. Pour la personne qui reste à la maison avec les enfants, qui a la charge de l'éducation, ça peut être lourd.

Heureusement, de mon côté, le stress que j'ai en moins, comparativement à la maman d'une famille monoparentale, c'est la charge financière que je n'endosse pas à moi toute seule. J'ai un conjoint qui travaille pour pourvoir aux besoins monétaires de la famille. C'est une des raisons pour lesquelles il travaille autant. Bien sûr parce que c'est sa passion, mais aussi parce que c'est comme ça qu'il fait d'ailleurs vivre sa famille. #IlAimeAussiSes5à7ParContre

Ça demande un partage des tâches qui n'est pas typique et qui n'est pas tout le temps juste. Je rapporte moins d'argent que JF, par contre, la charge de l'éducation, je l'ai presque entièrement. Ce n'est pas tout le monde qui est OK avec ça et, même moi, il y a des fois où je suis un petit peu à boutte de mon type de famille, je l'avoue. Alors, comme la maman de famille monoparentale, je me retrouve à faire les choses en solo : la préparation des repas, m'occuper de tout ce qui concerne l'école, les vêtements, les soins, les rendez-vous, les routines du matin et du soir.

JF travaille six jours sur sept. Il part en général vers 7 h ou 8 h le matin et revient quand les enfants sont couchés. Le dimanche, c'est notre journée familiale, mais évidemment, ça lui arrive d'être brûlé. Il essaie vraiment fort de passer la journée avec nous, mais des fois il a besoin de repos. Par contre, il se fait un devoir de toujours dîner et souper avec nous ce jour-là. #YaPasDeFamilleParfaite

Ma charge mentale et énergétique est énorme et des fois je jubilerais de changer de place avec lui et d'aller à des dîners-*meetings* avec des clients. Juste pendant une semaine, genre. D'ailleurs, JF m'a déjà dit textuellement : « Je ne changerais jamais de place avec toi, parce que ce que tu fais, j'en serais incapable. » Il en est conscient. Mais ça ne nous empêche pas de parfois être tous les deux à boutte de notre type de famile qui est tout sauf standard. On ne peut pas se comparer et vouloir ressembler aux familles dont les parents font du 9 à 5, parce que ce n'est pas du tout notre réalité. #ComparerDesPommesEtDesOranges

Moi, je vis beaucoup l'angoisse de détruire ma famille si un jour JF et moi nous nous séparions. L'angoisse de ne plus être une famille aussi forte, d'être un aussi bon parent, que le noyau familial ne soit plus aussi solide. Mais les enfants, eux, ne le vivent pas comme ça. Je dois me le répéter : « Ils ne sont pas le couple, ils sont les enfants du couple. » Les familles nucléaires, il y en a encore aujourd'hui et il y en aura sûrement encore dans 20 ans, c'est beau, mais ce n'est pas plus ou moins beau que toutes les autres sortes qui existent.

Mes parents étaient divorcés. J'avais environ six mois quand ils se sont séparés. Chacun s'est rapidement retrouvé un conjoint, s'est remarié et a eu d'autres enfants. Donc, moi, du plus loin que je me souvienne, j'ai toujours vécu dans deux maisons. Je n'ai pas de souvenir de la première fois où j'ai dormi une fin de semaine sur deux chez mon père. Pour moi, c'était naturel. Par contre, je me souviens que ce que j'ai trouvé difficile, c'est qu'on sentait un petit peu d'animosité entre mes parents.

Ça m'affectait. Ce n'était pas encore la mode des parents qui s'entendent bien et qui restent amis. Il me semble en tout cas.

Aujourd'hui, les parents font beaucoup plus attention. Les gens ont évolué et dorénavant, comme les gardes sont souvent partagées à parts plus égales, l'homme se sent plus souvent respecté dans son rôle de parent. Ça aide probablement à ce qu'il y ait une meilleure entente entre les parents séparés. De nos jours, on est beaucoup plus conscient des besoins et des émotions des enfants et on fait plus attention en général. Il y a même des parents séparés qui, eux, vont changer de maison pendant leur semaine de garde. De sorte que les minis demeurent toujours au même endroit. La manière dont se passent les divorces est – pas toujours malheureusement – plus douce qu'autrefois.

Dans tout ça, il y a une chose qui ressort : quand t'es une maman ou un papa, peu importe ton origine, peu importe ta religion, ta culture, ton type de famille, ton milieu socio-économique, tu vas ressentir les mêmes émotions profondes envers ton enfant. Ce ne sera peut-être pas exprimé de la même façon, mais la maman ou le papa qui voit son petit garçon pédaler pour la première fois sur une bicyclette à deux roues, ou sa petite fille réussir son premier examen à l'école vont tous être aussi fiers. Tous les parents du monde vont ressentir les mêmes émotions dans la parentalité. Par exemple, quand on est au parc et qu'on voit une famille, quelle qu'elle soit, si on se regarde dans les yeux longtemps, sans parler, on peut tous ressentir la même chose comme parent. T'sais, aucun d'eux ne souhaite que son enfant soit malade, blessé ou qu'il ne lui arrive quoi que ce soit de mal. Il y a un point commun qui regroupe tous ces gens, et c'est l'amour pour leur progéniture.

Un enfant, ça ne juge pas à la base. Si un petit juge un type familial, c'est en général parce qu'il a entendu ses parents le faire. Il est une éponge et ses parents sont ses modèles. C'est donc à nous, les adultes, à apprendre aux jeunes que tous les types de familles sont OK. Comme ça, on va peut-être réussir à éviter le jugement dès un jeune âge pour que les enfants soient plus respectueux entre eux et envers leurs différences. Ça pourrait faciliter la vie de plusieurs familles. De plusieurs êtres humains. #ViveLesFamillesDifférentes #DeuxPapas #DeuxMamans #NameIt

Catherine Cloutier Charette
(L'Emmèredeuse)

Du plus loin que je me rappelle, j'ai toujours voulu être maman et avoir tout plein d'enfants. Je ne savais pas encore quel genre de mère j'allais devenir, mais j'avais déjà décidé une chose : je n'allais jamais me séparer de leur père.

C'était utopique tout ça. C'est comme quand on voit enfin deux petites lignes roses apparaître sur un bout de plastique et qu'on se jure qu'on ne sera jamais une mère qui crie après ses enfants.

Même pas une seule fois, quand genre t'es pognée dans le trafic de la 15 Sud un dimanche soir en redescendant du chalet. Que ton bébé braille depuis 2 heures, que l'air climatisé du char a lâché, pis que ton 5 ans te demande pour la centième fois si on est bientôt arrivés. Non toi, tu ne monteras pas le ton. T'es pas une mère qui crie. Pantoute. Tu te jures que tu vas pas lâcher un...

« Heille là là ça va faire ! On va arriver quand on va arriver. Tu vois-tu tous les !*$% « @ de chars en avant de nous ? Je peux PAS passer par-dessus ni en dessous ! ! »

Je le sais que je vais vous décevoir, je me déçois moi-même aussi parfois. Mais oui. Ça m'est arrivé de crier après mes enfants.

Pis en plus, je me suis séparée du père de mon plus vieux garçon, Thomas.

Thomas, il était désiré et attendu. On l'a voulu à la folie cet enfant-là. Mais est venu un temps où on a réalisé que tout notre amour était pour lui. Qu'on n'en avait plus en réserve l'un pour l'autre. Qu'on était des bons amis. Des bons parents. Mais qu'on n'était plus des amoureux.

Pis que c'était ben correct de même.

Personne autour de nous ne l'avait vraiment vu venir, parce qu'on ne se chicanait pas. Ben là... on n'est pas des petits parfaits, je veux dire c'est sûr que ça accrochait des fois, qu'on se «pognait» pour des niaiseries. Que je lui en voulais pour des choses que je traînais depuis longtemps, comme la bonne rancunière que je suis, et la même affaire pour lui. Mais rien de bien dramatique. On aurait probablement pu continuer de vivre ensemble longtemps comme ça. Chacun nos chambres, chacun nos vies parallèles, rester une famille, comme je l'avais toujours rêvé.

Honnêtement j'y ai pensé. Je me disais que ça rendrait mon enfant heureux d'avoir ses parents sous le même toit.

> **Je me suis demandé si j'allais être heureuse de vivre sans amour, sans passion, sans papillons.**

Pis j'ai pensé à moi. Et je me suis demandé si j'allais être heureuse de vivre sans amour, sans passion, sans papillons. Et la réponse était non. Et c'était évident que si je n'étais pas heureuse, mon petit garçon ne serait pas heureux lui non plus.

On a donc décidé de se séparer. O.K., moi un petit peu plus que lui. Mais c'est comme ça la vie. On a pleuré, on a crié. On s'en est voulu un peu. Puis on s'est tournés vers ce qui nous rassemblait : Thomas. Plutôt que sur ce qui nous divisait. On voulait être tous les deux le plus présents possible dans sa vie. On s'est promis qu'on allait rester en bons termes, pour lui.

Je vous mentirais si je disais que ça été facile. «Comme du beurre dans poêle.» Les premières semaines ont été très difficiles.

J'étais triste, j'avais peur. Je doutais parfois, mais je me rappelais pourquoi j'avais pris cette décision.

Puis, Thomas partait chez son père et je pleurais pendant trois jours, toute seule dans mon petit appartement vide.

Ça aurait été si facile de basculer dans les reproches et d'entretenir la haine. Parce que son papa oubliait de me ramener la moitié des choses que j'avais mises dans le sac de Thomas. Parce qu'il ne me répondait pas au premier coup quand je lui téléphonais pour parler à mon bébé, ou bien de se chicaner pour des questions d'argent.

Ça aurait été facile de laisser les gens se mêler de notre séparation. Parce que c'est comme ça que ça se passe : dès que tu annonces à tes proches que tu te sépares, ça devient aussi leur séparation. Ils n'ont plus aucune retenue pour te dire vraiment ce qu'ils pensent de ton ex-conjoint. Les conseils du type : « lave-le, refuse-lui la garde partagée... » fusent de tous bords tous côtés. Quand on a de la peine, ça fait du bien de ventiler et d'avoir des gens qui partagent notre colère... Mais j'ai décidé que je ne tolérerais pas ça. Je n'ai jamais accepté qu'on parle en mal du papa de Thomas devant moi.

J'ai toujours voulu miser sur le positif du présent plus que sur le négatif du passé.

Parce que même si ce n'était plus mon amoureux, il restait une bonne personne, et surtout, il restait un excellent papa. Malgré ses petits travers... mais heille j'en ai moi aussi tout plein de défauts ! Et puis, il restait ma famille : le père de mon enfant.

On s'est toujours soutenus financièrement. On s'est toujours entendus pour la garde.

On s'est chicanés aussi. On a été en désaccord sur la façon d'élever notre fils.

J'en ai braillé une shot le premier jour de l'an que j'ai fêté sans mon garçon, et à son premier anniversaire qu'il a célébré chez papa. Mais je me doute aussi à quel point il manque à son père quand il est avec moi la veille de Noël.

On fait des compromis, chacun de notre côté et surtout, on se dit toujours la vérité. Ça fait maintenant plus de quatre ans que j'ai décomposé ma famille.

Ma famille que je n'échangerais pour rien au monde. J'ai rencontré Guillaume alors que Thomas avait un an. Le papa de Thomas a demandé à le rencontrer, et depuis, un grand respect mutuel les lie. Ils sont les deux personnes favorites du même petit garçon. J'admire tellement le papa de Thomas d'avoir été capable de laisser cette place-là dans la vie de son fils à un autre homme. C'est tout en son honneur et je sais que Thomas le remerciera un jour pour ça.

Puis Henri est arrivé, et le papa de Thomas l'a accompagné à l'hôpital pour qu'il puisse rencontrer son petit frère. On s'invite à souper, à regarder des matchs de hockey à la télé et à déjeuner au restaurant, à faire du go kart, à passer l'Halloween et aux anniversaires. On est en train d'organiser un voyage « familial » pour l'été prochain en Europe.

Je confierais les yeux fermés au papa de Thomas mon nouveau bébé, qui l'adore.

On me dit souvent que je suis chanceuse... ou bien que c'est pas tout le monde qui a la même chance que moi...

Mais honnêtement, non, la chance n'a absolument rien à voir dans notre famille recomposée-tricotée-serrée.

C'est nous qui avons décidé d'être plus grands que ça et de ne pas parler l'un contre l'autre. C'est nous qui avons décidé de travailler ensemble pour le bien-être de notre fils et de lui offrir la famille unie qu'il mérite, malgré notre séparation. C'est nous qui avons décidé de se féliciter plus fort pour nos bons coups que de se reprocher nos erreurs.

Il n'y a rien de magique là-dedans. Ça demande beaucoup d'efforts et de respect. Ça demande de la maturité et de savoir se taire parfois et surtout de lâcher prise, beaucoup. Des fois on a le goût d'avoir le dernier mot. C'est dur. Vraiment dur. Mais élever des enfants, ce n'est facile pour personne.

Mais ça vaut tellement la peine.

Toto veut la pomme
JE NE SUIS PAS MAMAN
Toto veut la pomme
Stéfany Mc Lean Photographe
Stéfany Mc Lean Photographe
Stéfany Mc Lean Photographe

Le fils d'une amie l'a remerciée pour sa séparation d'avec son père… Il était heureux d'avoir deux maisons pour ses toutous !

Tranches de vie ;)

Quand la gastro arrive chez toi :
#EffetPapillon #EffetDomino
#EffetPasNicePantoute

Oh, ceci semble dangereux, inapproprié et interdit, je vais le faire ! Signé : mon enfant de 2 ans chaque heure de la journée.

— Les enfants, on mange du bœuf braisé ce soir.
— On n'aime pas le bœuf ce soir.
— Ça tombe bien car c'est du poulet.
— Ah oui, on aime le bœuf au poulet.

Tu penses qu'un enfant
ça mange pas tant ?
#Mon5ansBouffeUnSteakEtDemi
#ÇaRessortEnTriple

Avoir un enfant qui te raconte une histoire avant son dodo, c'est un peu comme essayer de ne pas t'endormir au volant. Dur et éprouvant, la plupart des trucs échouent.

Quand je cuisine pour mes enfants,
je planifie 10 portions
de fruits-légumes quotidiennes :
#QuandCestPourMoi
#VodkaClamato #Sangria
#Comptes-Tu-Ça ?

Depuis que tu as des enfants,
ton char est constamment plein de bouffe :
#TuPourraisNourrirLeTiersMondeAvec
LeDessousDeSiègeD'auto
#Goldenfish #Cheerios
#RouleauxAuxFruitsFondus

Aller au Costco un samedi,
seule avec tes 4 enfants :
#ÊtreUneMamanMasochiste
#ÊtreUneMamanSuicidaire

— Que mettez-vous dans
votre café madame ?
— 2 doses de lait et 3 doses de patience
et de l'effaceur de cernes svp.

Quand mon chum me demande :
— Je dois garder les enfants ce soir ?
— NENON. Ce soir, tu RESTES
avec tes enfants, tu les gardes pas.
La petite gardienne les *babysitte*...
toi, tu t'en occupes. C'est différent.

Avertissement : donner une collation
« qui ne tache pas » à un enfant n'est
jamais une idée aussi ingénieuse
que tu le croyais !
Rêve versus réalité.

Tu essayes vraiment fort
de te préparer ce matin avec
4 enfants exigeants:
#SportOlympique
#RêverD'êtreUnePieuvre

Est-ce que ça t'arrive d'acheter
des surprises aux enfants
(lire ici: chocolat) et de tout
manger avant de leur offrir?

Ton fils voulait donc
le nouveau Ninja au magasin:
#SorryNotSorry
#Fais-LeTonBaconMonChéri

Au premier enfant: tu suis
des cours sur l'écoute de
ses besoins, tu lui fais des purées
maison et bio... Enfants suivants:
« Voici une compote en sachet chéri,
attends ton tour, je t'aime. »

Quand mon enfant s'obstine et me tient tête, ma meilleure réplique pour le remettre à sa place : « Hey toi, je t'ai fabriqué et tu es sorti de mes entrailles. J'exige le respect. Merci ! » Il reste ébahi à tous les coups.

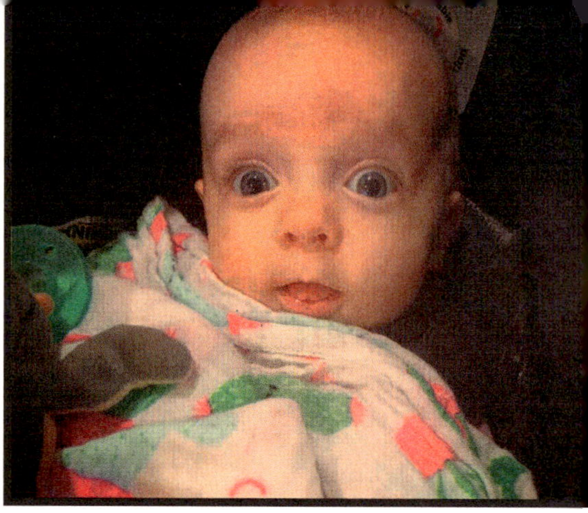

Ta femme de ménage vient juste de partir, tu te gâtes en l'engageant, ça sent si bon :
#ProfiteDeCes5minutesDeGloire
#LesEnfantsReviennentBientôt

Une maman au magasin : hésiter à t'acheter un t-shirt à 15 $, mais dépenser une fortune pour tes enfants.
#BeenThere #DoneThat
#LesPrioritésQuiChangent
#AccroDuShoppingPourEnfant

Stéfany Mc Lean Photographe

Dans le fait d'avoir des enfants, j'ignorais que de partir seule en voiture serait si satisfaisant.

Je ne vais pas au gym pour
mon « muffin top », je vais au gym
pour manger plus de muffins.
Avec du glaçage.
Aussi appelés cupcakes.

Ton kid se lève à 5 h la fin de semaine,
mais n'est pas levable la semaine :
#PourquoiTonHorlogeInterne
FaitDesFreeGames

« Moi maman, j'ai vraiment
hâte d'aller à l'école !
J'irais tous les jours. »
Dans ma tête : « Profites-en,
ça va finir par passer... »

« Maman, tu sais, quand tu étais bébé,
dans le temps des dinosaures... »
Et mon fils fut ainsi déshérité.
#Joke #NotAJoke

Recherche Google de Maman Caféine

argument/chum/autre bébé ;-D

- alcool/allaitement/maximum nombre/heures
- boutique/vêtement *fashion*/enfant
- caca jaune/grumeaux
- chef à domicile/bénévole
- col dilaté/accouchement
- combien/fièvre/nourrisson
- entretien ménager/pas chère
- nounou/parfaite/magicienne
- périnée/pipi/culotte
- picote/quoi faire
- remise en forme après accouchement
- taches brunes/face/enceinte
- taches roses /fièvre
- tomber enceinte/rapidement/trucs
- trucs/avoir plus patience
- trucs douleur/accouchement
- trucs/pas déchiré/accouchement
- trucs/accoucher plus vite
- véhicule familial/5 passagers arrière/pas quétaine
- vomi en jet/bébé

Devenir maman

vient parfois avec un diplôme en science de l'achat sur le Web.

Lexique

Boss mom :	Femme ambitieuse, créative, fonceuse et « multitâche » qui gère business et famille.
Caféinomom :	Maman qui aurait une dépendance accrue à la caféine, la rendant complètement dépourvue et non fonctionnelle si elle n'en consomme pas le matin. Et plusieurs fois dans la journée.
Césarienne d'urgence :	Intervention stressante et possiblement traumatique pour une maman mais qui peut sauver la vie de bébé ou de maman.
Être seule :	État rare voire inexistant pour une maman.
Fashion mom :	Maman qui suit les tendances du moment et qui se passionne autant pour la mode que pour ses enfants !
Limite mentale :	Différente pour chacun, mais on vit assurément sur du temps emprunté quand on traverse l'étape du terrible 2.
Moment de détente :	Aucune définition possible.
Moral de schnoute :	État très désagréable mais généralement passager.
Nouveau-né :	Petit humain aussi mignon que complexe.
Shape post-partum :	Celle que tu ne tripes pas à voir dans le miroir mais qui est vraiment sublime car tu viens de donner la vie.
Soloparental :	Lorsqu'un des deux parents vit en couple mais sans son partenaire qui est souvent à l'extérieur.
Terrible 2 :	État de transformation de votre candide enfant en mutant incontrôlable. Généralement, survient vers l'âge de 2 ans. Passera vers l'âge de 3 ans, quand il se transformera en « Terrific 3 », et risquera d'évoluer vers le « *Fucking* 4 ». Parfois, certains continuent une année de plus en édition « *Fucking* 5 » mais des chances que ça se calme vers l'âge de 6 ans.

Hymne à toi la maman à boutte, qui ne va pas bien aujourd'hui

Ça va passer, promis. Peut-être que tu as eu une nuit de marde, que ce matin rien n'allait comme tu le voulais, que tu sens que tu perds le contrôle, que tu ne seras pas à ton travail à temps, que tu es déjà en retard de 15 minutes.

Il est possible que tu trouves que tu éduques mal tes enfants, que tu aies l'impression que ce sont juste les tiens qui font des crises, que ton enfant est différent et que tu le gères mal ou encore que tu sois dans le déni, mais que tu le saches que tu es dans le déni en plus.

Il est possible que tu sois tannée de ta maison qui est en désordre, que tu aies l'impression de faire le ménage 45 fois par jour et que ça ne change absolument rien.

Il est possible que tu aies l'impression qu'il faudrait que tu souries à pleines dents, que tu fasses du maternage proximal et que tout aille toujours bien. Tu n'as pas le droit de dire que tes enfants, tu les garrocherais dans le mur des fois — juste de le penser, là. Pas de le faire, évidemment.

Il est possible que tu te sentes mal de ne pas être à ton meilleur depuis quelque temps, que tu n'aies plus le goût de voir des gens parce que tu es en dépression. Peut-être que tu n'es pas en dépression, mais sur le bord, et de ça aussi tu es dans le déni.

Il est possible que ta vie en général soit merdique et tu as le droit de dire qu'aujourd'hui, t'es tannée pis t'es à boutte.

Il est possible que tu n'oses pas le dire tout haut, mais qu'il y ait des moments dans ta journée, depuis quelques semaines, quelques jours ou quelques heures, où tu te dis que tu regrettes d'avoir eu des enfants. Et à ce moment-là, tu le penses pour vrai. Tu le penses quelques secondes seulement, mais en pleurant tu te dis : « Qu'est-ce que j'ai fait ? » Ça ne veut surtout pas dire que tu aimes moins ton enfant, je le sais. Ça ne veut pas dire que tu t'en occupes moins bien, je le sais. Ça veut juste dire que tu es à boutte. Et c'est correct. Tu as le droit.

Alors, je veux juste te dire que tu es bonne. Tu as mis un humain au monde, tu l'as fabriqué, et ce n'est pas rien. Tu t'es multipliée. Tu as donné naissance à une continuation de ta personne. On banalise ça, on fait comme si c'était *easy*, mais dans la vie d'aujourd'hui et dans la réalité de 2017, faire un bébé c'est courageux. Parce que ce n'est pas facile. Et que ce l'est encore moins de l'éduquer comme il faut et d'en faire un humain équilibré.

Avec la folie, la rapidité et la réalité du monde dans lequel on vit, le stress, les épidémies en tout genre, les trucs dégoûtants et méchants qu'on voit sur les réseaux sociaux, ce n'est pas facile. Donc, c'est possible que ça ne se passe pas comme tu le voudrais, comme dans tes rêves, mais tu le fais quand même. Et ça, c'est extraordinaire.

Même si tu n'élèves pas toujours tes enfants avec brio, arrête de te flageller. Accepte que tu ne sois pas parfaite, qu'aujourd'hui ça n'aille pas pantoute. Mais je te garantis, demain est un autre jour. Laisse la journée passer et accepte que ce n'est pas ta meilleure, qu'il y a du négatif, mais vois aussi que tu as le pouvoir de changer ton *minding*.

Si en ce moment tu ne vas pas bien, lis cet hymne à toi pour comprendre que tu n'es pas toute seule. Et toutes les prochaines fois où tu te sentiras faible, où tu vivras un moment de découragement, souviens-toi que cet hymne est là. Pour toi.

En le lisant, rappelle-toi que c'est possible que ta voisine vive elle aussi un moment *rough* et que, peut-être qu'en faisant ton épicerie aujourd'hui, tu croiseras les yeux d'une autre femme qui a une journée horrible. Alors, accepte que ce soit possible que ça n'aille pas bien, mais que ça ne fasse pas de toi une mauvaise mère.

Hymne à toi la maman qui ne va pas bien. T'es belle, t'es bonne, t'es capable. T'es plus hot que tu ne le crois, peu importe l'âge de tes enfants, ton emploi ou d'où tu viens. Va te verser un autre café.

Remerciements

Cette partie est presque ma préférée, alors si normalement tu trouves ça poche de lire ce bout-là, j'ten supplie, lis-le. Y a des personnes trop fantastiques qui gravitent dans mon univers et j'dois absolument leur rendre hommage.

First, merci à l'homme, JF. Tu me pousses souvent dans le dos, tu m'impliques dans plein de projets à la fois et c'est peut-être grâce à ta tête de cochon que je suis là aujourd'hui, à publier ce livre. Merci aussi, car sans toi, pas d'enfants magnifiques. Sans enfants magnifiques, pas de Maman Caféine ! So, je t'en dois une sur ça ! Merci B xxxx !

Merci à monsieur Antoine Broquet et à sa ravissante fille Caroline. Elle est un peu la cause de notre prise de contact pour la rédaction de ce bouquin pour mamans modernes. Je serai éternellement reconnaissante de l'occasion que vous m'avez offerte. Votre confiance vaut de l'or pour moi. Votre équipe à l'interne a été aussi hors pair ! (Merci Nancy et Line !) Sortir un livre en si peu de temps, fallait avoir des nerfs d'acier ! Chapeau !

Merci FOIS UN MILLION DE MILLIARDS DE MILLIONS DE MILLIARDS à Julie LA QUEEN DE LA RÉDACTION Therrien. Sans elle, je ne respectais pas les dates pour la sortie du livre. C'est aussi simple que ça. En plus d'être une rédactrice vraiment chevronnée, elle a le cœur sur la main, une personnalité tout simplement attachante et une sensibilité incroyable. Julie, on a eu un coup de foudre de team toi et moi, je le sens. Tu es vraiment une humaine exceptionnelle et j'espère que tu le sais. Oh et, continue de parler en hashtags, ça te donne un style que j'aime bien ! On devrait écrire plein de livres ensemble, il me semble qu'on aurait plus de temps pour jaser, déconner et boire des cafés à l'infini. #Zenitude #LesGens #JeT'Aime

Merci au magasin Aubainerie qui a généreusement participé au projet en fournissant des vêtements pour les photos à ma meute et à moi ! Vous avez été tellement dynamiques et enchantés par le projet que je ne peux quêtre aux anges de ce service si bien rendu. Moi, dans vie, j'suis toujours rendue à la succursale Aubainerie de ma ville, depuis plusieurs années. Genre que, dans le temps, on achetait nos vêtements de la rentrée scolaire là, ça s'appelait Croteau à ce moment-là. Si je m'étais imaginée, à l'âge de 9 ans en train d'essayer un chandail dans une de leurs cabines, que je publierais un livre un jour et qu'ils en seraient l'un des partenaires, j'y aurais pas cru ! MERCI !

Un méga MERCI à St-Régis, boissons désalcoolisées, qui m'ont toujours soutenue dans mes projets depuis plus d'un an, en étant un fier partenaire de ma page. Vous êtes une équipe du tonnerre ! Je vous AIME SONIA ET MYLÈNE ! XXXX

MERCI FOIS DES MILLIARDS DE BECS aux collaboratrices qui ont rédigé des textes à la fin de chaque chapitre. Ces femmes sont splendides et elles méritent un standing ovation pour s'être si gentiment prêtées au jeu : Geneviève Everell (Sushis à la maison), Colette Provencher, Josée Lavigueur, Catherine Carrier (Mom ready to go), Catherine Cloutier Charette (L'Emmèredeuse), Julie Marcoux, Marie-Claude Mathurin, Marie-Claude Montpetit, Érika Huot Villeneuve, Marie-Christine Gaudreau, Mélina Brisson, Karolyne Fleury, Jessica Gallant Corbeil, Valérie Louise Pesant et Lydia Alder. Merci aussi à Sophie-Anne Prairie pour sa patience de déesse et Jenny Labbé, pour ses coups de main lors de shootings !

Merci à Stéfany Mc Lean qui a su prendre des clichés du tonnerre pour le livre. En plus d'être tellement talentueuse, c'est une personne douce et accessible qui a su mettre mes enfants en confiance lors des séances. Tu as donné de ton temps, de ton énergie et de ta patience et je sens que ce n'est que le début de plein de belles collaborations entre toi et moi. Dans ton œil de photographe, tu captes la folie mais aussi la simplicité de mon quotidien, pis j'aime ça.

Merci également aux autres photographes qui ont des photographies visibles dans le livre comme Laurence Arcouette qui a monté avec brio un MIRACLE pour la page couverture, car ce fut une fichue de grosse aventure complètement épuisante et éreintante, on va pas s'le cacher ! #JournéeD'Enfer. Et un gros merci à Stephanie Lachance qui a accepté que l'on partage ses magnifiques photos de mes enfants, prises lors de la naissance de Blanche. De vrais bijoux d'images.

Merci immensément au café chouchou de mon cœur : Aux croûtons grillés. Leurs locaux nous ont servi de bureau pour une bonne partie de la rédaction, mais en plus ils nous ont gentiment ouvert les bras lors de la séance photo. Vous êtes des gens chaleureux, accueillants et vraiment passionnés. J'ai tellement mangé de salade de betteraves trop parfaite pendant les séances d'écriture entre vos quatre murs que ma peau en devenait rose. Oh et vous m'avez monté un « bill » de café ! Ça c'est pas rien pour une Maman Caféine. #MeilleurCaféDuMonde

Merci à la boutique Le petit Cocon ainsi qu'au restaurant La Plank pour avoir accepté de me laisser squatter vos espaces si inspirants pour les photos. Je vous avais zéro avertis d'avance et vous avez embarqué dans mes folies. Vous m'avez même pas jugée d'être une fille qui goal tellement d'affaires qu'on jurerait une poule pas de tête. Vous avez juste été smatts et patients avec mes enfants qui agissaient en mutants lors de la séance. MERCI !

Merci à la sublime Joanie Lapointe car, de ses mains talentueuses et magiques, elle a réussi, avec un peu de « potté », à arranger ma face cernée. Elle m'a changée en chix-mom le temps de ma séance et ça m'a probablement aidée à faire ma fraîche pendant les photos ! #TellementPasMannequin #MaisAvecDuGlossÇaAide

Merci à ma mom Sylvie qui a gardé mes enfants genre 1000 fois en 1 mois pour m'aider à avancer ! Et à ma belle-maman Nicole, fervente fan !

Merci à Nicholas Milot pour m'avoir endurée stressée tous les jours avec ça et m'avoir envoyé des vidéos caves de YouTube dans ces moments-là pour me faire rire.

Finalement, je dis coucou aux futures mamans fantastiques de mon entourage, vous serez les plus parfaites dans ce rôle et je serai là pour vous soutenir avec une coupe de vino le vendredi soir promis : ma sœur d'amour, Dorothée, mon amie pour la vie Sonia, ma cousine Catherine et ma belle chummy aux grands yeux de biche Katerie.

MERCI À VOUS ! LECTEURS ET LECTRICES ET ABONNÉ(E)S de Maman Caféine. Tout ça, c'est en grande partie grâce à vous ! Oui Oui ! Drink to that ! XXX

CRÉDITS PHOTOGRAPHIQUES

Arcouette&Co. .... couverture avant
Stéfany Mc Lean Photographe . . couverture arrière

Stéfany Mc Lean Photographe 2
AdobeStock_angryribbon_fond fleuri 2
Stéfany Mc Lean Photographe 5
AdobeStock_lilalove_fond 5
AdobeStock_wooster_fond ananas 6
AdobeStock_lucky1984_fille 7
AdobeStock_wooster_b 7
Stéfany Mc Lean Photographe 8
AdobeStock_Taisiia_fond 8
AdobeStock_Katsiaryna_fond 10
Stéfany Mc Lean Photographe 12
Stéfany Mc Lean Photographe 13
AdobeStock_Terriana_bande 13
AdobeStock_wooster_fond...............14
AdobeStock_Kapitosh_bulle 14
AdobeStock_Denchik_fond 16
LachancePhoto 16
Shutterstock_Picsfive_trombone 16
Shutterstock_elisekurenbina_fond 16
Stéfany Mc Lean Photographe 16
AdobeStock_Denchik_ballon 17
AdobeStock_viperagp_fond 18
Shutterstock_Picsfive_trombone 18
LachancePhoto 18
Stéfany Mc Lean Photographe 19
LachancePhoto 20
AdobeStock_Eky Chan 20
AdobeStock_keltmd_ananas 20
AdobeStock_pixelrobot_fond 21
Stéfany Mc Lean Photographe 21
Shutterstock_Picsfive_trombone 21
Shutterstock_Zoya Art_fleurs 22
LachancePhoto 22
AdobeStock_karandaev_fond.............22
Shutterstock_Picsfive_pine 22
Shutterstock_ba77_fioriture 23
Stéfany Mc Lean Photographe 23
AdobeStock_orelphoto_fond 23
Shutterstock_RoyStudioEU_fond..........24
Shutterstock_R-studio_plaque 24
Arcouette&Co. 25
Shutterstock_Ensuper_fond 25
Shutterstock_Picsfive_pine 26
AdobeStock_Lisla_fond 26
Stéfany Mc Lean Photographe 26
AdobeStock_jdoms_peinture............27
AdobeStock_Eky Chan 27
AdobeStock_Guz Anna_fleur 27
AdobeStock_Kapitosh_bulle 28
Stéfany Mc Lean Photographe 28
AdobeStock_blogpress..................30
AdobeStock_brimeux_cadran 31
Stéfany Mc Lean Photographe 32
LachancePhoto 32
Shutterstock_Lina_fond 32
AdobeStock_DAVIDS_onomatopée 33
Arcouette&Co. 34
AdobeStock_Kapitosh_bulle 35
AdobeStock_DAVIDS_onomatopée 35
Shutterstock_Fazakas 35
AdobeStock_attitude1_fond 36
AdobeStock_Kapitosh_bulle 36

Stéfany Mc Lean Photographe